デヴィッド・オーター＋デヴィッド・A・ミンデル＋エリザベス・B・レイノルズ 著
ロバート・M・ソロー 序文　月谷真紀 訳

The Work of the Future

AI時代の「よい仕事」を創る

The Work of the Future: Building Better Jobs in an Age of Intelligent Machines

慶應義塾大学出版会

FOREWORD

序文

ロバート・M・ソロー*

私はこれを2021年1月最後の週に書いている。60年前のちょうど今頃、私は家族でワシントンDCに到着し、1年間にわたるケネディ大統領の経済諮問委員会の仕事に臨もうとしていた。アメリカ経済は1960年の「典型的な戦後不況」からまだ脱け出していなかった。失業率は7％を少し切るほどだったと記憶している。

しかしもう一つの、もっと難しい問題が起きていた。直前の3回の典型的な戦後不況は、発生するたびに前回よりも失業率が高くなっていった。一部の経済学者と多くの議員、そして経済紙は、この失業率の上昇はいつもと種類が違うと示唆していた。高失業率は財とサービスの需要不足ではなく、失業した労働者が雇用の資格を満たしていないことの表れだった。適材適所になっ

＊　ロバート・ソローはMIT経済学名誉教授。1987年にノーベル経済学賞を受賞した。

ていないか、スキルが合わないもしくはスキルがない、あるいは教育が不十分なのだ。通常の財政金融政策運営ではまったく効果がなかっただろう。

失業率が予想外に高いか持続するときには、原因を一つに求める単純な説明が出回りやすい。失業率を失業者の特性のせいにするのがそれに当たる。このような説明は一見するとある程度はもっともらしい。失業者はたしかに就業者に比べると雇用の資格を満たしていない傾向がある。しかし失業の真因が何であれ、離職と選抜の正常なプロセスが進めばやがて、最も資格を満たしていない人に失業が集中するだろう。当然ながら、これは訓練不足の人を訓練すれば雇用が増えるということではない。

単純な喩えを出そう。高校バスケットボールの試合を思い浮かべてほしい。会場の体育館の座席は床に固定されており、数が決まっている。チケットは無料なので、座席よりもたくさん観客が来てしまう。座れるのは概して、すばしこくて押しの強い人々だ。のんびりしている人や消極的な人は立ち見になる。では、立ち見の人々にすばやく積極的に行動するよう訓練したとする。次の週の試合では、彼らの中に席を獲得する人が増えるだろう。しかし座席の総数は変わらない。現代の産業経済の中で雇用を獲得することはバスケットボールの試合で座席を獲得するよりずっと複雑だが、要点はおわかりいただけるだろう。

経済諮問委員会が適切な財政金融政策を計画しようとしたときには、この点が重視された。委員長のウォルター・ヘラーから私が最初に任された仕事は、「構造的」失業率の上昇というこの仮説を評価することだった。MITではなく政府の仕事だったから、与えられた時間はたしか3

週間だったと思う。私の結論は、構造的失業の要素はたしかにあるが、それが増加しているエビデンスはないというものだった。

もちろん、予想外に高い持続的な失業率に対する短絡的な説明は、失業者の特性に原因を求めることだけではない。テクノロジーの劇的な変化も同じくらいよく聞く説である。「自動化《オートメーション》」という言葉を私は1961年の議論で初めて耳にした。ロボットが来るぞ、ロボットが来るぞという話はすでに聞こえ始めている（そしてロボットはいつか本当に来るだろう）。

現在の状況は当時とは異なる。新型コロナ禍は別として、失業率の長期的な上昇は、少なくとも今のところはまだ起きていない。現状はもっと複雑である。

アメリカの実質賃金率は何世代もの間、労働時間当りの産出高とほぼ同じスピードで伸びてきた。これはその比率、つまり産出高のうち賃金や給与として支払われる割合にトレンドがなかったことを意味する。短期的な変動はあったが、その程度だった。変化が起きたように思われるのは1960年代末か1970年代初めである。実質賃金のトレンドが生産性のトレンドに後れを取り始めた。生産性のトレンドが加速したわけではない。加速したのであれば、何か技術的な進展があったことが示唆されるだろう。しかし差が生じたのは、実質賃金が追いつかなくなったためであった。これには国のさまざまな経済事情が関わっている。経済は低賃金職と高賃金職を多数供給しているが、アメリカン・ドリームの一翼を担ってきた中技能の雇用が失われつつある、というデヴィッド・オーターの有名な発見に鑑みれば特にそう言える。所得と資産の格差が大きく拡大したこともこれと符合する。

今回は考えられる原因が多数あり、それらは相互に排他的なものではない。中技能の仕事は貧しい低賃金の国々の労働者に移って失われた可能性がある。労働者は明らかに交渉力を失いつつあった。民間セクターから労働組合がほぼ消滅したことがその証拠だ。雇用主は態度を硬化させた。集中産業の大企業の総合的な市場支配力は増大していた（おそらく大幅に）。問題は一つの原因を特定することではなく、複数の原因それぞれの比重を判断することであり、それは非常に難しい。したがって、これを病気に見立てるなら、治療法を見つけるのもまた難しい。

ところで、これらすべてにおいて教育と訓練が小さな要因であるという印象は与えたくない。まず、スキルと順応性を備えた労働力の維持は間違いなく生産性になくてはならない寄与をする。次に、教育へのアクセスしやすさは平等化要因として機能しうる。もっとも、アメリカでは教育へのアクセスしやすさがこの機能をうまく果たしていないことはかなり明白であるが。最後に、教育および訓練のシステムは、共通の文化とシティズンシップについての共通理解を支えるものである。要するに、訓練の量を増やしたり質を上げたりすることが必ずしも雇用率の向上につながるわけではない。

20世紀に入ってからのおよそ70年間、アメリカの資本主義はかなり安定的に国民所得の約４分の３を日給や月給の形でもたらしていた。それが前述したトレンドのない数字である。過去40年ほどの間にその数字が下がり始め、パンデミックが発生した時点で３分の２くらいになっていた。とはいえ国民所得に占める割合はまだかなり大きい。これだけの規模であると、労働市場に何か大きな変化があれば必ず経済全体に影響が及び、その帰結がまた労働市場に跳ね返ってくる。労働市場の外からやってくる波乱は労働市場の成果にじかに影響するだろう。本書が、仕事のスキルを未来のテクノロジーに必要とされる形に再生利用するという手垢のついた話ではなく、今ここにある経済の多岐にわたる調査になったのはそのためだ。いつか、おそらくはロボットが登場したときに、このようなレポートがまた必要になるのは間違いない。しかし今のところは、本書を読み進めて大人たちが何を考えているかを学んでほしい。

目次

第Ⅱ部

第7章　結論と政策提言

凡例

- 訳注は、本文中に〔　〕の中で示した。
- skill は、主に「技能」と訳し、文脈に応じて「スキル」とした。

I

第1章

イントロダクション

INTRODUCTION

10年前、高性能な携帯電話はまだ目新しく、無人運転車は公道を走っておらず、コンピュータは会話を聞いたり口頭の質問に答えたりしなかった。ロボットに仕事を奪われる可能性は、一部の組み立てラインを除けば、遠い先のことに思われた。しかしロボットと人工知能（ＡＩ）の能力向上がメディアの見出しを飾り、人々の想像をかき立てるようになると、研究者や評論家は、自動化を免れると長らく思われてきた仕事——専門知識、判断力、創造性、ベテランの経験を必要とする仕事——も、まもなく機械のほうがうまくこなせるようになるかもしれないと警告を発し始めた。工業国の国民は注目し、不安を募らせている。

これを背景に、２０１８年春、ＭＩＴ総長のＬ・ラファエル・ライフが未来の仕事に関するＭＩＴタスクフォースを任命した。ライフ総長はタスクフォースに、新たに出現しつつあるテクノロジーと仕事の関係を理解するという任務を託した。テクノロジーについての現実的な予想に基づいた世論の形成を助け、皆が繁栄を共有する未来を実現できる戦略を探るのがその目的だった。タスクフォースは、本書の著者であるデヴィッド・オーター教授とデヴィッド・ミンデル教授が共同議長を、エリザベス・レイノルズ博士が事務局長を務めた。メンバーにはMITの12の学部から選抜した20名以上の教員と20名以上の大学院生が加わった。タスクフォースは、多数の調査研究を委託・実施し、その多くがワーキングペーパーおよび研究概要として発表された。本書でもそれらをおおいに活用している（タスクフォースの発表論文の完全なリストは巻末に掲載した）。

タスクフォースが仕事の未来を探っていた3年間に、自動運転車、ロボット工学、AIはめざましく進歩した。しかし世界も労働市場も自動化によってひっくり返りはしなかった。莫大な民間投資にもかかわらず、テクノロジーの実現時期は後ろ倒しされ続けた。それは、コンセプトが試行実験で検証され、事業計画に組み入れられ、初期の導入において具現化されるという、性急な期待がたどる通常の進化の一環である。実用化されたテクノロジーが現場で顧客と経営者の厳しい要求に応えて機能するための、地味ではあっても丹念な歩みだ。

私たちの調査は、ロボットが労働者を工場から追い出したり、AIが人間の専門知識と判断力を不要にしたりする、というディストピア的なビジョンを裏付けなかった。しかしそれと同じくらい由々しき事実を明らかにした。テクノロジーのエコシステムが生産性の向上をもたらし、（少なくとも新型コロナ危機までは）経済が多数の職を生み出していたさなかに、労働市場ではその成果があまりにも不平等に、所得最上位層に偏って分配され、労働者の大多数は莫大な収穫のうち、ほんのわずかしか享受していなかったことがわかったのである。

ほとんどのアメリカ人労働者にとって、40年前に生産性向上の軌道は賃金上昇の軌道から分岐した。この分離は不幸な経済的・社会的帰結をもたらした。すなわち、非大卒の労働者の仕事が低賃金かつ不安定になった。労働参加率が低下した。世代間の上昇移動が鈍化した。数十年間あまり縮まってこなかった人種間の所得と雇用の格差が逆に開いた。新しいテクノロジーがこうした惨憺たる結果の一因となったのはたしかだ。しかしこれらは技術変化やグローバル化や市場原理の必然的な帰結ではない。同じデジタル化とグローバル化の圧力はほとんどの工業国に影響を及ぼしたが、他国の労働市場はもっとうまくいっている。

とはいえ、技術変化、完全雇用、所得増が本質的に相反するものでないことは歴史と経済学が示している。タスクの自動化、イノベーション、新しい仕事の創出のダイナミックな相互作用は常に破壊的ではあるが、生産性向上の主要な源泉である。イノベーションは、労働者が所与の時間に達成できる仕事の量、質、種類を拡大する。そしてこの生産性の向上が、生活水準の向上と人間の活躍を可能にする。あるべき好循環においては本来、生産性の向上が、仕事の構造変化によって生活を破壊された人々に投資するリソースを社会に供給する。

ところが、イノベーションが機会を生み出す契機になりそこねたとき、未来への恐怖が生じる。技術進歩が、国を豊かにする一方で、多くの人々の生活を脅かすのではないかと疑われるようになるのだ。この恐怖の代償は大きい。政治の分断と地域間の分断、制度への不信、イノベーションそのものへの疑念。「持てる者」と「持たざる者」の溝が広がり、経済の最下層にいる人々のニーズに社会がどう対応すべきかをめぐって国の分断に拍車がかかっているアメリカ政治において、この不安が露呈した。

今後の重要課題――とりもなおさず未来の仕事――は、技術的イノベーションに対応し、それを補完し方向づけるように労働市場の機会を促進することである。そのためには、「ゲームのルール」を設定する法律、政策、規範、組織、企業を現代化することによって、アメリカの労働市場の制度を刷新する必要がある。

ＡＩやロボット工学のようなテクノロジーが労働市場に与えるインパクトは、顕在化するまでに何年もかかる。だが備えるための時間は一刻も無駄にできない。もしこれらのテクノロジーが前世紀に合わせて設計された今の労働制度の中で利用されたら、私たちはここ数十年と同じ影響をまのあたりにすることになる。賃金と福利厚生に下方圧力がかかり、労働市場はますます二極化するだろう。

本書はもっと良い別の道を提案する。それは、急速に進む自動化と今までにまして高性能になるコンピュータの恩恵を生かし、労働者に機会と経済的保障をもたらす仕事の未来を築くことである。そのためには、技術変化に合わせた制度の刷新を促さなければならない。

予想を上回る状況の変化

私たちは大混乱期を生きている。しかしそれは、タスクフォースが立ち上げられた２０１８年に想像したのとは別種のものだ。調査と本書執筆が終盤を迎えたのは、新型コロナ禍が蔓延した2020年の、多くの国の市民がロックダウン下に置かれていた数ヵ月間に当たっていた。私たちがこの新しい状況に適応するうえで、ビデオ会議、オンラインサービス、リモート学習、遠隔医療を通じテクノロジーはおおいに力を発揮した。遠隔で仕事するためのこれらのツールはロボットのイメージとはかけ離れているが、これらもまた自動化の形であり、飲食サービス、清掃、ホスピタリティといった産業の低賃金サービス職から立場の弱い労働者をはじき出した。私たちは新型コロナ禍から発生した労働市場の危機に直面している。何百万人もの人々が失業した。しかしこの危機の原因はテクノロジーの進歩ではない。

この混乱が生じるはるか以前に、未来の仕事に関する私たちの調査は、多数の職を生み出しながら経済的保障をほとんどもたらさないアメリカの労働市場で、どれだけの人が豊かになれずにいるかを明らかにしていた。パンデミックの影響はそれをいっそう露骨に白日の下にさらした。「エッセンシャル（必要不可欠な）」と公認されているにもかかわらず、ほとんどの低賃金労働者はITプラットフォームを通じて職務を果たすことが実質的にできない。生計を得るためには現場に身を置かなければならないからだ。

このような職をまもなくロボットが引き継ぐという予測もあるが、今のところほとんど実現していない。人間ならではの柔軟性は不可欠だと考える人々もいる。パンデミックのさなかに臨機応変に仕事を再編できたのは、機械ではなく人間の順応性のおかげだからだ。はたまた、新型コロナ禍は自動化をいやおうなく進める出来事——人間が安全に遂行できない仕事に機械を配備する方法がわかってくるにつれ、テクノロジーを未来から現在に手繰り寄せる触媒要因だと考える人々もいる。今後の展開がどうなるにせよ、新型コロナ禍がテクノロジーと仕事に及ぼす影響は、パンデミックが終わった後も長く残るだろう。その影響は2018年に想像されていたものとはまったく様相が異なるかもしれないが。

2018年の未来予想図を揺るがした要因は他にもある。世界の二大国の間に入った亀裂と、政治の混迷および経済的なポピュリズムの高まりだ。後者の結末は2020年のジョー・バイデン大統領選出後に起きた国会議事堂襲撃事件だった。これらの圧力が国家間の同盟関係を変え、グローバルなビジネス関係を分断し再編させ、偽情報、業界規模のスパイ行為、重要インフラへのサイバー攻撃など新しい形態のサイバー戦争を煽っている。アメリカと中国にはこれまでも摩擦があったが、今のような分断状態ではなかった。貿易戦争として始まったものは、テクノロジー戦争に姿を変えた。主要な産業・技術の目標達成に政府を挙げて取り組む中国のアプローチは、概して分権的で企業主導のアプローチを取ることの多い西洋諸国に競争上の課題を突きつけている。データ蓄積の政府による独占に中国が力を入れていることが、自国民の監視と管理の強力なツールの創造以上の技術的な進歩をもたらすのかどうかは、まだわからない。

中国との衝突は経済に波紋を広げつつあり、イノベーションを阻害する恐れがある。イノベーションは世界中の国から、国境や時差を越えて協働する研究者たちによって生み出されるようになっているからだ。技術進歩のタイミングがいつであれ、それを広く共有される繁栄に確実につなげるためにはどうすればよいだろうか。アメリカとアメリカの労働者がテクノロジーの発明と方向づけ、そしてその恩恵の享受において今後も世界一であり続けるためにはどうすればよいだろうか。

本書の概要

今挙げた問いに沿って、本書は二部に分けた。第Ⅰ部では、仕事の進化と仕事の未来に影響を与えるであろう主要なテクノロジーの現状を見る。第Ⅱ部は、繁栄を皆で共有するために政策、テクノロジー、労働制度をどう方向づけるべきかを提案している。

本書は最も重要な事実からスタートする。技術の進歩が仕事のない未来に私たちを連れて行く、と説得力を持って示唆するエビデンスは、歴史上も今現在もない。むしろ、これからの20年間に工業国では新しい仕事の数が労働者の数を上回り、ロボット工学と自動化はその落差を埋めるうえで次第に重要な役割を果たすだろう、と私たちは予想している。とはいえ、ロボット工学と自動化の影響は労働者にとって恵みにはならないだろう。これらのテクノロジーは、経済的なインセンティブ、政策選択、制度要因とあいまって、就ける仕事と求められるスキルを変えるだろう。

このプロセスは困難ではあるが不可欠だ。既存の仕事の新しいやり方、新しいビジネスモデル、まったく新しい産業を創出することが、生産性を向上させ、新しい仕事を生む。こうしたイノベーションが新しい職業を誕生させ、新たな専門知識の需要を生み出し、やりがいのある仕事の機会を作る。今ある仕事の大半は１９４０年にはまだ発明されてさえいなかった。気候変動、疾病、貧困、栄養不良、教育不足など、人類の喫緊の課題に対応するために、アメリカはテクノロジーのイノベーションを抑制するどころか、もっと増やさなければならない。これらの課題を投資とイノベーションによって克服することで、チャンスが生まれ、福利が向上する。

二つ目の重要な事実は、技術変化の重大な影響は徐々に現れることである。

ＩＴと通信、ロボット工学とＡＩのめざましい進歩は、保険、小売、医療、製造、物流、輸送と多岐にわたる産業を変えつつある。しかし、発明が誕生してから広範に商業化され、ビジネスプロセスに浸透し、広く普及し、労働者に影響を与えるまでには、往々にして数十年単位に及ぶ大きな時差が観察される。変化が漸進的なペースで進む例は、中小企業における新しい産業ロボットの採用や、目前と言われながらいまだ実現していない自動運転車の大規模展開に見られる。実は、私たちが見出した新しいテクノロジーによる労働市場への最も甚大な影響は、ロボット工学とＡＩよりも、今も普及が続くインターネット、モバイルおよびクラウドコンピューティング、携帯電話という数十年前の（ただしはるかに向上した）テクノロジーによるものだった。

この技術変化にかかる時間は、変化の軌道を社会と経済に最も有益になるよう建設的に方向づけるための政策を練り、スキルを開発し、投資を促進する機会になる。

必要な変化を起こす意志が私たちにあれば、皆が共有する繁栄は実現可能である。本書の第Ⅱ部では、そのために、アメリカの制度と政策の方向性と焦点をどのように見直すべきかを見ていく。

まず、急速に変化する経済の中で労働者がうまくやっていくために彼らをどう訓練するかに着目する。たえず進化する職場で労働者が生産的であり続けられるようにするには、あらゆるライフステージに優れた技能プログラム――小中学校、職業訓練校、大学、生涯にわたる成人向けの訓練プログラム――を用意して、力をつけさせなければならない。アメリカ特有の労働者向け訓練システムに欠点はあれ、他にはない長所もある。例えば労働者に多数の入り口を設け、キャリアパスを変更したい、あるいはレイオフされ新しい仕事を見つけなければならない場合に対応している。アメリカは既存の教育・訓練制度に投資して、生涯にわたってスキル開発を利用しやすく魅力的でコスト効果の高いものにする新たな訓練モデルを創らなければならない。これが私たちの主張である。

しかし、しっかり訓練を受けたモチベーションの高い労働者にも最低限の安心感は必要であり、与えられてしかるべきである。労働生産性の向上が全体の所得増につながらなかったのは、労働市場の制度と政策が更新を怠って破綻しているからだ。

スウェーデン、ドイツ、カナダなど他の先進国もアメリカと同じ経済的要因、技術的要因、グローバルな要因に直面し、同じように堅調に経済成長を遂げてきたが、自国の労働者にもたらした結果はアメリカよりも良い。明暗を分けたのは、労働市場にかかった圧力の帰結を和らげられなかったばかりか、一部では増幅してしまったアメリカの制度変更と政策選択である。

アメリカは新しい制度を育てたり既存の制度を強化したりすることなく、労働者を代弁する伝統的なチャネルを衰退させてきた。連邦レベルの最低賃金がほとんど実情に合わないまでに低下するのを放置したために、低賃金労働者にとって労働市場の底が抜けてしまった。政策主導で開発途上国、特にメキシコや中国との自由貿易拡大を受け入れ、国民所得の総額は増えたが、貿易拡大による雇用喪失にも、失業した労働者を再訓練する必要性にも対応してこなかった。

一般の労働者の窮状を無視して成長を享受するこの戦略がアメリカにとって成功したと示唆するエビデンスは存在しない。アメリカが成長とイノベーションを牽引してきた歴史は長い。20世紀はずっと世界をリードし、第二次世界大戦直後からの数十年はその地位がますます揺るがなかった。一方、ここに記した労働市場の病弊は最近のものである。労働市場の機能不全が、イノベーションの必然的な結果であるとか、他の経済的便益と引き換えのやむをえない代償であると示唆するエビデンスは存在しない。私たちはもっとうまくやれるはずなのだ。

意図的な政策がない限り、市場から供給される良い仕事は不足する。しかし良い仕事は、特に民主主義国においては、社会と政治に幅広く便益をもたらす。仕事は重要な人間的善である。「仕事は所得の源泉であるだけでなく、私たちが学び、理解力と想像力と判断力を行使し、社会的に協力し、建設的な社会貢献ができる手段である」と、タスクフォース研究諮問委員会メンバーのジョシュア・コーエンはMIT「未来の仕事」研究概要に書いている。[*1] たとえ所得を得るための手段にすぎない場合でも、仕事は労働者に目的意識を与えるべきで、労働者を卑しめたり振り回したりする権威に屈したり、健康被害か危険を伴う労働条件や心身を壊す状況に甘んじたりすることを求めてはならない。

人間の幸福にとって良い仕事が重要であり、良い仕事の創出にはイノベーションが重要であると認識すれば、今度はいかに仕事の創出の原動力となるイノベーションへの投資を活用し、経済成長を加速し、激化していく競争上の課題に対応できるかという問いが出てくる。

イノベーションへの投資は経済のパイを成長させる。成長は、グローバル化しテクノロジー競争が熾烈な世界経済が突きつけるさまざまな課題に対応するうえで不可欠である。調査を通じて私たちが見出したのは、アメリカ政府による過去1世紀以上に及ぶ研究開発投資の直接的な成果であるテクノロジーだった。インターネット、先端半導体、AI、ロボット、自動運転車はそのほんの一部である。これらの新しい財とサービスが新たな産業と職業を生み出し、新たな産業と職業は新たなスキルを求め、新たな所得の機会を提供する。政府がイノベーションを支援し、発明家、起業家、創造的資本がイノベーションを用いて新しいビジネスを支え創出してきた輝かしい実績がアメリカにはある。

新しいテクノロジーの普及は勝者と敗者を生む。これからもずっとそうだろう。労働者、企業、投資家、教育機関や非営利組織、政府——すべての利害関係者《ステークホルダー》が関与することによって、個人と地域社会への弊害を最小化し恩恵を最大化できる。また、万人に便益と機会とある程度の経済的保障の手段を提供する未来の労働市場を実現する一助ともなるだろう。

第2章 労働市場と経済成長

LABOR MARKETS AND GROWTH

急速に進む自動化およびＩＴ化と協調し、労働者に尊厳と機会と経済的保障を提供する労働市場を私たちは思い描いている。そのような労働市場をどうすれば実現できるだろうか。経済学や工学から歴史学や政治学にいたるさまざまな分野の研究を見ると、現在にいたった経緯がわかり、可能な未来を垣間見ることができる。本章では調査結果からいくつかの教訓を引き出し、その教訓を総合して今後の道筋を示す。

技術変化の二つの側面――タスクの自動化と新しい仕事の創出

技術変化は、人がこれまでできなかったタスクを可能にしたり、従来のタスクをより効率的にできるようにしたりする。このような変化は何百年も前から、人類が暗闇、飢餓、疾病、物理的な危険、重労働といったたえまない脅威から解放されるのを助けてきた。[*1]

この技術進歩は、気候変動、疾病、貧困、栄養不良、教育不足など人類の喫緊の問題に取り組むために望ましい。むしろ不可欠である。

しかし技術進歩は必ずしも万人に、ましてすべての労働者に利益をもたらすわけではない。工業国の成人の大多数は現在、有給雇用で働くことによって貧困から逃れられる。だが今のような状況は歴史の中では異例であり、当然と考えてはならない。[*2] 技術変化、特に自動化は、この好ましい現状を脅かすのだろうか。

脅威は二つの形を取りうる。第一に、自動化は最終的に、人間のほうが機械よりも生産性が高い仕事の数を減らし、大量失業の引き金を引く可能性がある。[*3] 第二に、自動化によって仕事に求められるスキルが変わり、そのため高度に専門的なスキルを持つ少数の労働者が莫大な報酬を得る一方で、大多数の市民は負け組になる可能性がある。

一つ目の可能性——仕事の消滅——はエビデンスと食い違う。技術進歩は寿命を延ばし、生活を快適で楽しいものにした一方で、総じて正味では仕事の破壊よりも創出をもたらした。もし自動化（あるいはその前段階の機械化）が人間の労働を不要にするとしたら、自動化によって労働者はまず農業から工業へ、次にサービス業へと順繰りに再配置されなければならないから、20世紀——記録に残る人類史の中で、明らかに最も技術が進歩した時代——の間に有給雇用は減少すると予想できたはずだ。ところが現実は逆だった。有給雇用で働くアメリカの成人の割合は1890年から2000年にかけて、どの10年を見てもほとんど増えていた。[*4] 実は、自動化と雇用に関する多数の経済調査に、自動化が総雇用数を長期にわたって減少させたことを示唆する厳密なエビデンスはない。[*5]しかも、技術的失業への懸念が近年高まっているのとは裏腹に、工業国では長期にわたって雇用が急速に増えてきた。

新しい仕事の創出が古い仕事の消滅と必ず一致するかそれを上回らなければならない、とする経済法則はないが、歴史を見ればこの二つは同時進行する傾向がある。[*6]実は、次章で詳しく述べるが、タスクフォースが専門的知識を駆使して具体的なテクノロジーを分析した各事例では、技術変化は――すでに顕在化し多大な可能性を予感させていても――一般的に語られるほどには急速に進まず、それによって消滅する仕事も多くないことがわかった。新しいテクノロジーそのものは往々にして驚異的であるが、発明品の誕生から商品化、ビジネスプロセスへの浸透、標準化、普及、労働者への広範な影響までには数十年単位の時間がかかることがある。このように変化が漸進的なペースで起こるおかげで、変化の軌道を社会的・経済的により広く益をもたらすように方向づけるための政策を練り、スキルを開発し、投資を促進する機会ができる。

これらの事実は矛盾をはらんでいる。自動化は「労働力を節減する」――特定のタスクと職業(例えばトウモロコシの収穫)から労働者を排除する――のに、なぜ雇用の総数は減らなかったのだろうか。最も信憑性の高い答えは、自動化はたとえ労働力を節減しても、新しい仕事を創出しやすい三つの相殺要因を生じさせるというものだ。第一に、自動化は自動化されていないタスクを行う労働者の生産性を上げる。例えば、屋根職人は空気式釘打ち機を操って屋根を葺き、医師は検査パネルを用いて診断を行い、建築家は設計図の完成イメージをコンピュータ上であっという間に作成し、教師はビデオ会議システムによって遠隔授業を行い、映画製作者はコンピュータグラフィックスを使って現実にはありえないアクションシーンを描き、長距離トラック運転手はクラウドベースの配車プラットフォームに自分の走行ルートをアップロードして、荷台を空にして走る無駄を避ける。このような事例の一つひとつにおいて、業務を構成する一部の作業を自動化したおかげで効率が大幅に上がり、労働者がより大きな目的を果たすうえでの生産性が向上している。

第二に、自動化は経済の総所得を増やすような生産性向上を推し進める。増えた所得の大半は追加的な財とサービス――より大きな家、より安全な自動車、より質の高い食事や娯楽、より遠くへのより頻繁な旅行、より高度な教育、より包括的な医療に使われる。この追加的な消費は労働者を必要とし、したがって雇用が増える。

第三の、おそらく最も大きな要因は、自動化によって一部のタスクから人間の労働者が排除されても、技術変化は新しい種類の仕事をもたらすことである。新しい財とサービス、新しい産業と職業は新しいスキルを求め、新しい所得の機会を提供する。100年前にはコンピュータ産業は存在せず、太陽光エネルギーの仕事もテレビネットワークもなく、飛行機旅行は黎明期にあった。自動車、家庭の電化、家庭電話はようやく普及し始めたところだった。この100年で、新しい産業、製品、サービスが膨大な数の新しい仕事を生み出し、その仕事はそれまでの仕事よりも高い技能水準を求め、賃金が高いことが多かった。このようなイノベーションが経済を変容させた。

図2・1に示す、1940年に労働者が就けた仕事を今ある仕事と比較してみてほしい。2018年の新しい名称の職業の63％が1940年時点ではまだ「発明」されていなかった。[*7] 例えば情報技術（IT）、太陽光発電と風力発電、新製品のエンジニアリング・設計・設置・修理、新しい専門医療の仕事など、新しい仕事の多くはテクノロジーから直接的に生まれた。

しかし新しい仕事がすべて「ハイテク」な職業であるわけではない。メンタルヘルス・カウンセラー、チャットルームのホスト、ソムリエ、在宅医療助手、フィットネス・コーチなど、対人サービス職もある。このような職業は、所得の増加（生産性向上の間接的な影響）から生じた新しい需要と、産業社会で生きる個人の新たなニーズを部分的に反映している。他方、農業や製造業のような従来のセクターからは、創出される仕事が減り、新たな職業が生まれなくなった。

技術の進歩につれて仕事が縮小する農業のようなセクターは必然的にある。製造業のように、グローバル化によって労働力の国内需要が減少しているセクターもある。消費者の嗜好が変わる場合もある。その一方で、IT、再生可能エネルギー、医療などイノベーションが起きている産業では新たな仕事が発生している。所得の上昇は、例えば新しいフィットネスクラブのような新たな消費需要も生み出す。

多くの新しい仕事は、先立つ数十年間の投資にルーツがある。20世紀後半の50年間にアメリカは研究開発インフラを築き上げ、そのおかげで他の先進国よりも速く効果的にイノベーションを起こすことができた。[*8] 最たる例は1980年代と1990年代のIT革命およびインターネット革命や現在のAIとロボット工学の進歩だ。これらは、新しいテクノロジーの研究と採用に特化

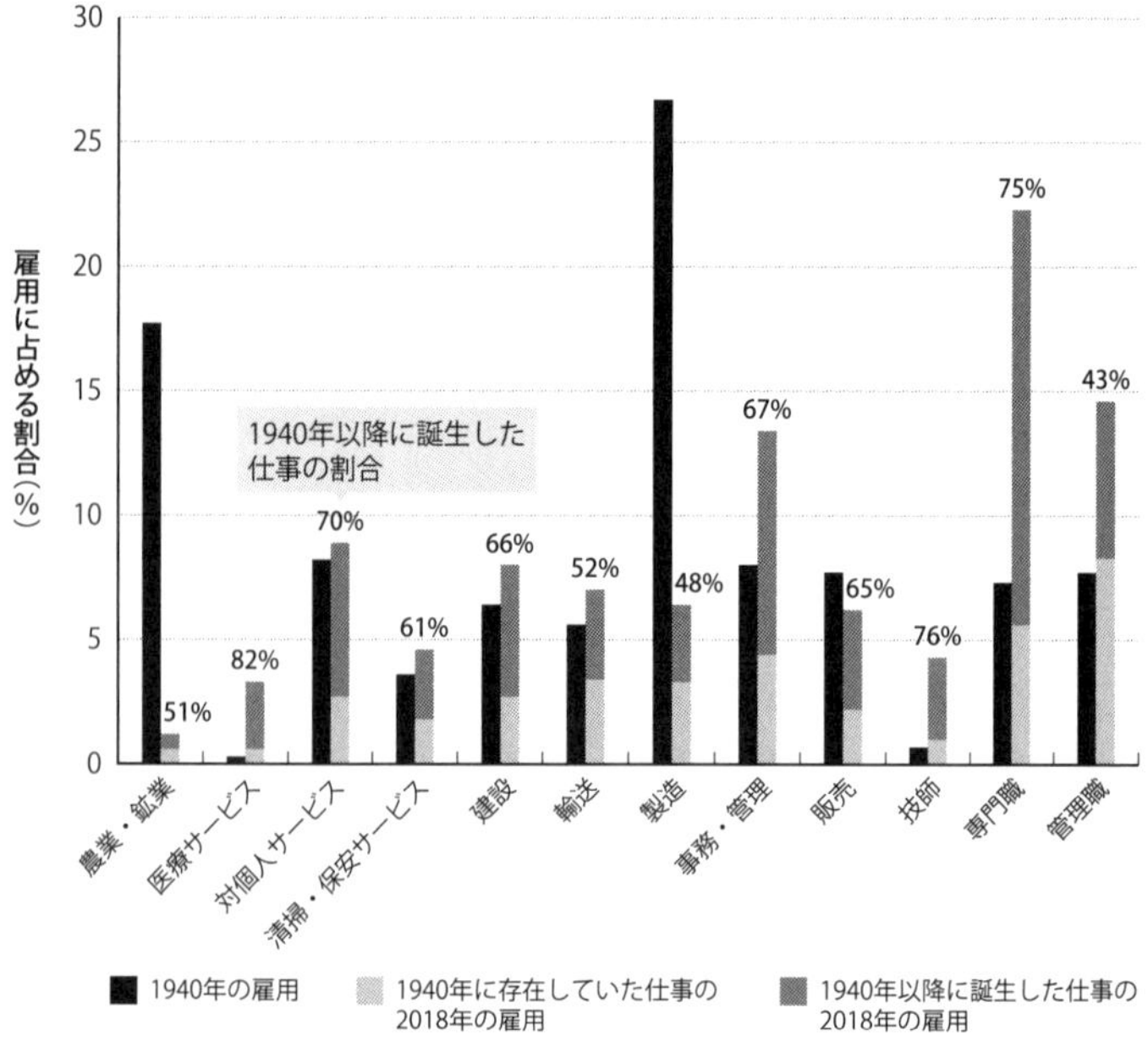

図2.1　2018年に行われていた仕事の60%以上が1940年にはまだ「発明」されていない

注：主な職業の1940年と2018年の雇用分布を、1940年から2018年の間に新しく増えた職種と1940年に存在した職種を区別して示す。

出所：David Autor, Anna Salomons, and Bryan Seegmiller, "New Frontiers: The Origins and Content of New Work, 1940–2018," mimeo, MIT Department of Economics, 2021.

した国防総省の部局であるＤＡＲＰＡ（国防高等研究計画局）のような機関による長期投資の直接の産物である。このような投資はイノベーションを速めただけでなく、何世代もの専門家に腕を磨く場を提供し、ハイテク産業に何十年も持続するまとまった規模の雇用を創った。

仕事の創出の推移には、20世紀から21世紀にかけてのイノベーションの方向性がそのまま反映されていた。新しい職業と産業の誕生は、20世紀前半の数十年間に製造業と重工業で盛んだったが、第二次世界大戦後の数十年間にはハイテクなプロセス集約型セクター（例えば写真、冶金、材料化学）に場を移した。20世紀後半の数十年間に、新しい職業の出現の場はＩＴ革命に伴って機器、情報、エレクトロニクスへとさらに移動した。[*9] イノベーションが仕事の創出を促したが、そのイノベーションのきっかけを作り、資金を出し、方向づけたのは往々にして公共投資だった。

しかし、このプロセスは万人に恩恵を与えるわけではない。仕事の構造の変化は必然的に、富む者と困窮する者を生み出す。製品需要とスキル需要の変化についていくためだけに、労働者と企業と政府はコストの高い投資をしなければならない。ここ数十年間で鉄鋼、採鉱、繊維生産などのセクターが急激に衰退し、これらの活動に特化していた地域社会に失業が集中して、その状況は続いている。[*10] 今も進行中の石炭からもっとクリーンなエネルギー源への移行など、こうした変化には必要なものもあるが、労働需要曲線の不利な側に居合わせた人々の窮状が純便益によって帳消しになるわけではない。

こうして本書の中心テーマにたどりつく。生産性の向上は社会全体の生活水準の向上をもたらすのか、それとも比較的少数の集団を豊かにするのか。それは、生産性を所得に結びつける社会制度次第である。制度は労働市場と相互に作用し、労働市場はそれ自体が経済の最大の部分を占める。[*11]この重要な分野において、アメリカは複数の点で失策を犯してきた。

過去40年間に、アメリカの労働者の大多数にとって、賃金上昇は全体的な生産性の成長軌道から分岐してきた。この分岐は一般の労働者の賃金上昇を鈍化させただけでなく、労働市場に複数の病弊を生み、社会に多大な帰結をもたらした。例えば、非大卒労働者の仕事は低賃金で不安定になり、労働参加率は低下し、所得の不平等度は歴史的な高さになり、数十年のあいだたいして改善してこなかった人種間の所得と雇用の格差はさらに悪化した。

これら複数の病弊の原因は一つではないが、最も重要と思われる要因が三つある。第一に、仕事のデジタル化が進んで高学歴労働者の生産性が上がり、低学歴労働者は機械に代替されやすくなった。第二に、アメリカでは中国からの輸入増と生産の急速なアウトソーシングが貿易とグローバル化の加速に拍車をかけ、製造業の雇用が急減した。第三に、かつて一般の労働者が生産性の向上に見合った賃上げを交渉することを可能にしていた制度が衰退していった。それは労働組合加入者数の激減と、連邦政府の実質最低賃金の低下に表れており、それらは歴史的な低水準に迫ろうとしている。

こうした好ましくない結果は、テクノロジーやグローバル化や市場原理の不可避な帰結ではなかった。他の豊かな工業国で、アメリカほどの不平等の拡大や一般の労働者の深刻な賃金停滞が起きたところは一つもない。

高学歴化と高技能化、職場のハイテク化、グローバル統合の進展、それらに伴う多数の要因に後押しされ、アメリカの労働生産性は急激に上昇した。ところがその生産性の果実は幅広い層の所得増をもたらしてこなかった。それを支える機能を果たすべき社会制度と労働市場政策が荒廃しているためだ。アメリカは、生産性の向上と雇用の質向上の相乗効果を取り戻すために、制度と政策を再活性化し現代化しなければならない。本章ではこれから今述べた結論の根拠を掘り下げていく。

拡大する不平等と大分岐

1960年代から1980年代初めにかけて、アメリカの労働者の所得は男女ともに学歴を問わず増え続けた（図2・2）。実はアメリカ経済は、それに先立つ第二次世界大戦の終戦から1970年代半ばまでの30年間にも、最大の所得増を幅広い層にもたらした。所得の伸びは急速かつ均等に分布していた。アメリカの生産性（労働時間当りの総生産高で測定）は図2・3が示すように1948年から1978年までに108％上昇し、年間成長率は2・4％と勢いがあった。同じ期間に、生産労働者と非管理職労働者の平均報酬（この期間の中央値賃金が取得できないため、中央値賃金の代用とする）はほぼ足並みの揃った95％の上昇率だった。

生産性と労働報酬の急成長は、図2・3が示すように1973年に突然止まる。急に成長が止まった直接の原因はアラブ石油輸出国機構（OAPEC）による原油禁輸措置で、これにより世界の原油価格が1年足らずで3倍に跳ね上がり、多くの工業国が景気後退に陥った。[*12] 原油禁輸措

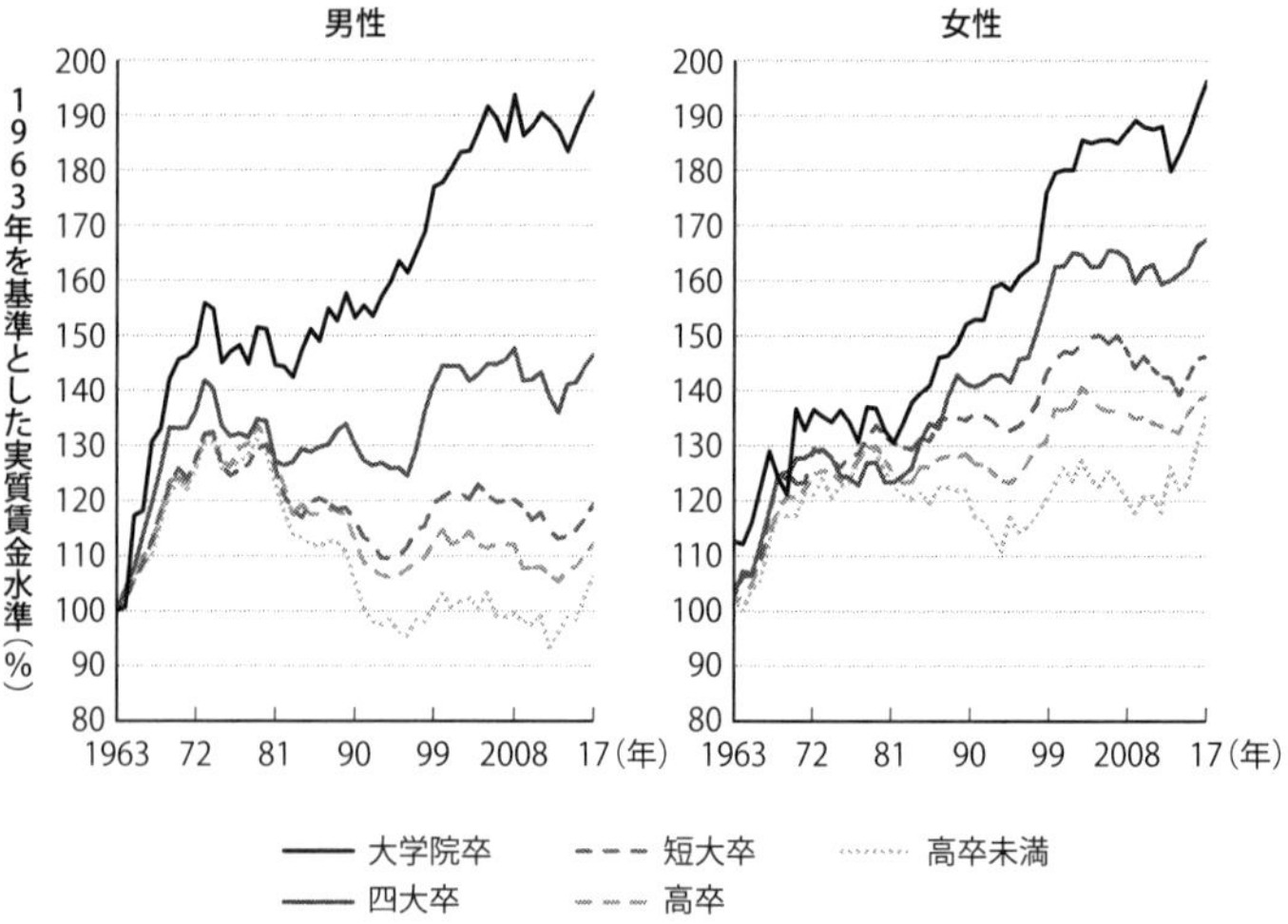

図2.2　1980年以降の実質賃金の変化

注：実質賃金は大卒者は上がり、高卒以下の労働者は下がった。
出所：David H. Autor, "Work of the Past, Work of the Future," *AEA Papers and Proceedings* 109 (May 2019): 1–32.

置は6ヵ月しか続かなかったが、アメリカなどの先進諸国の生産性向上の軌道は10年にわたってほぼ停滞した。1980年代初めに成長は再開したが、それまでの30年間に比べてそのペースは遅かった。[*13]

1973年の原油価格ショック——やがて「第一次石油危機」として知られる——がなぜ、第二次世界大戦後に急速に上向いた生産性の成長軌道から工業諸国を叩き落したように思われるのかをめぐっては、いまだに経済学者の間でも意見が分かれる。[*14] しかし本書の趣旨にとって生産性の成長鈍化よりも重要なのは、これも図2・3が明らかにしている第二の重大な経済的事実、すなわち1970年代半ばから生産性向上と

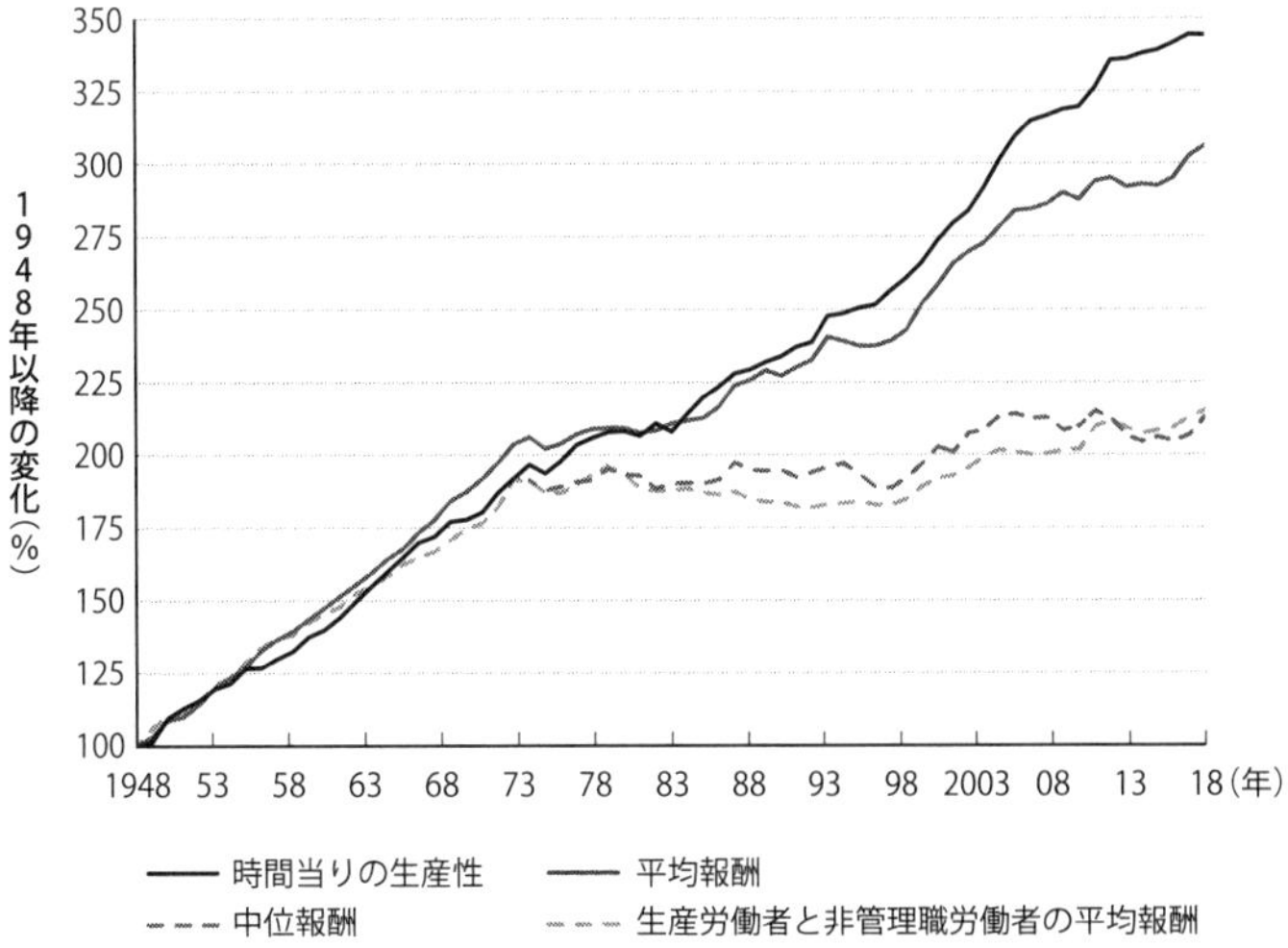

図2.3　1948～2016年のアメリカの生産性と報酬の伸び

出所：Anna M. Stansbury and Lawrence H. Summers, "Productivity and Pay: Is the Link Broken?," National Bureau of Economic Research Working Paper No. W24165, December 2017, figure 2.

報酬増が分岐したことである。生産性と中位報酬は1948年から1978年にかけてともにほぼ倍増したが、以降は異なる推移をたどった。1978年から2016年まで、労働時間当りの総産出高（つまり生産性）はさらに66%上がり、年間成長率は1・3%だった。ところが生産労働者と非管理職労働者の報酬は12%しか上がらず、中間層の労働者の報酬は11%しか上がらなかった。その一方で、労働報酬の平均値は同じ期間に、少なくとも2000年代初めまでは、生産性とおおむね同じペースで伸びた（この点については以下で再び取り上げる）。向上する生産性と停滞する賃金の中央値のこの差の広がりは、「大分岐（the great divergence)」としばしば呼ばれる。

大分岐の中には、複数の次元で拡大する不平等が潜んでいる。すなわち教育、人種、民族、ジェンダー、居住地域による不平等である。最も顕著なのは、中位賃金の伸びは全体的に緩やかであるものの、その分布がより恵まれた立場の労働者、具体的には白人の男女に偏っていることだ（図2・4）。1979年から2018年にかけて、白人男性の中位時給が7％上がったのに対して、黒人男性とヒスパニック系男性の中位時給はそれぞれ1％と3％しか上がらなかった。女性の所得の伸びははるかに堅調で、これは男女の歴史的な（現在もある）所得格差に鑑みれば好ましい進展であることは間違いない。しかし男女の所得の収斂にも人種間で大きな偏りがあった。白人女性の中位時給が42％上がったのに対して、黒人女性とヒスパニック系女性の中位時給はそれぞれ25％と26％しか上がらなかった。[*15]

平均的な生産性の伸びと中位賃金の伸びの分離が、単に中間層の労働者の生産性があまり上がらない一方で高学歴高賃金の労働者の生産性が大きく水をあけたことを意味する可能性はあるだろうか。[*16] これは検証が難しい。経済データは個々の労働者の生産性ではなく、国や産業の平均的な生産性を測定するからだ。他の国々も学歴別の賃金格差の拡大と、生産性の伸びと中位賃金の伸びの分離を経験しており、このパターンは各国に共通する技術的要因――国によって異なる制度的要因とは違って――で部分的に説明がつく可能性を示唆している。しかしアメリカは極端なケースである。経済協力開発機構（ＯＥＣＤ）は、データが取得可能な24ヵ国の中で、アメリカは１９９５年から２０１３年にかけての生産性の伸び（１・８％）と中位賃金の伸び（０・５％）

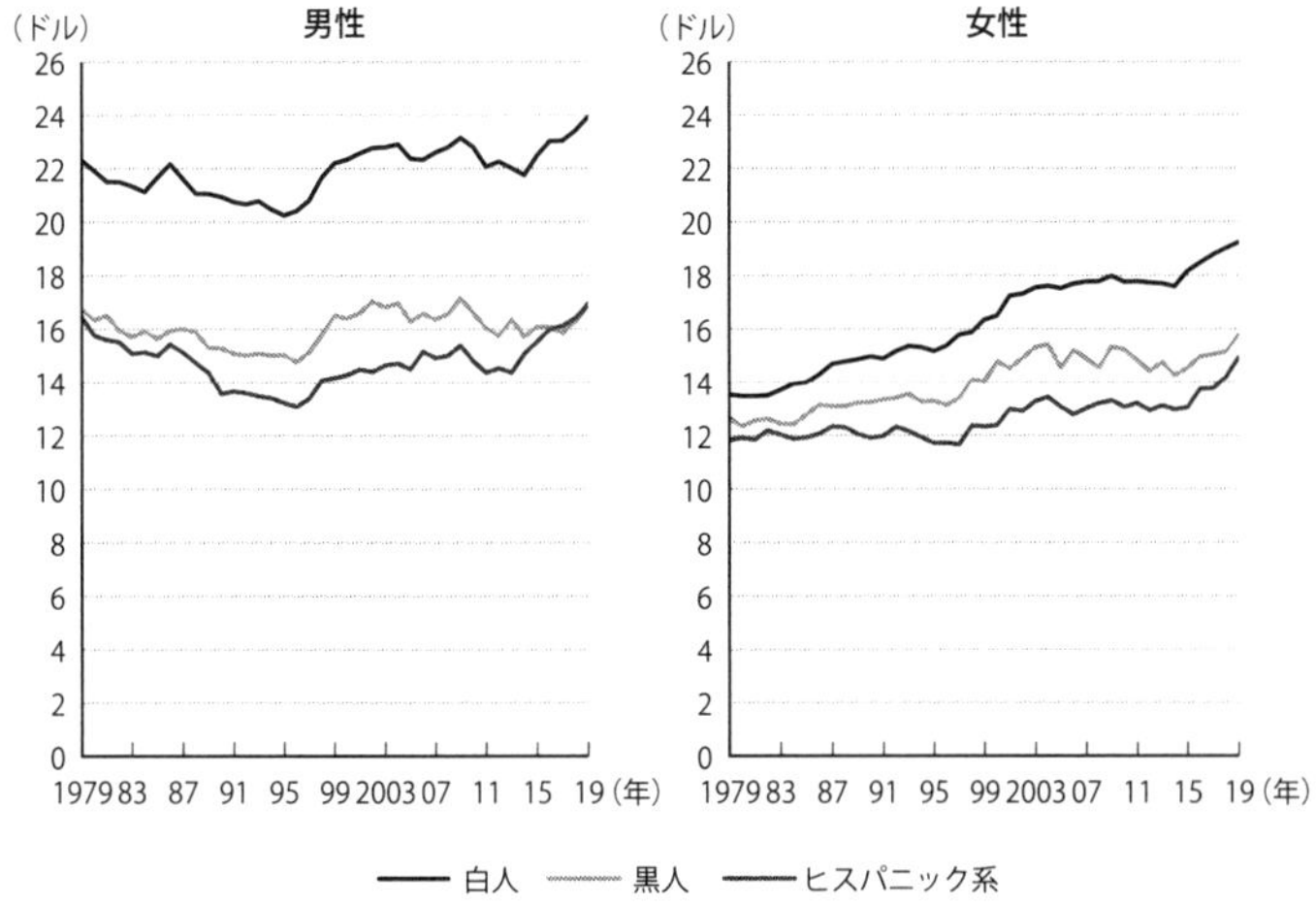

図2.4　1979年以降、アメリカの中位賃金の増加は緩やか

注：賃金増は白人の男女に集中してきた。

出所：Economic Policy Institute, State of Working America Data Library, "Median/Average Hourly Wages," 2019, http://www.edpi.org/data/#?subject=wage-avg.

の分離（1・3%の差）がポーランドと韓国に次いで3番目に大きいと報告している。[17] これと比較すると、生産性の伸びと中位賃金の伸びの差はカナダ、オランダ、オーストラリア、日本で半分弱（0・7%）、ドイツ、オーストリア、ノルウェーではわずか6分の1（0・2%）だった。[18]

生産性が向上したのに中位所得が増加しなかったのだとしたら、所得に反映されなかった分の生産性はどこへ行ったのだろうか。答えは二つに分けられる。最初の半分をここで提示し、残りの半分は本章の少し後で述べる。第一に、何よりもまず、所得は上へ、つまり賃金分布の中央値を上回る所得を稼いでいる労働者のものになった。四年制大学卒の労働者の実質賃金は1980年以降、他を大きく引き離して急上昇し（図2・2参照）、大学院卒の労働者（例えばMBA、医学博士号、JD、博士号取得者）の賃金はさらに速く伸びた。具体的には、大卒および大学院卒の男性の実質所得は1980年から2017年にかけて25～50％増えた。それとは対照的に、四年制大学卒の学歴のない男性の実質週給は1980年頃をピークにその後数十年にわたって下がっていった。1990年代後半と新型コロナ禍前の数年間、労働市場が逼迫した時期には賃金がある程度回復したが、短大卒、高卒、高卒未満の男性の平均週給は2017年時点で1980年より10～20％下がっていた。

女性の所得の伸びは男性より堅調だったが、男性と同じく不均等だった。大卒ないし大学院卒の女性の実質賃金は、1980年から2017年にかけて40～60％ポイントと大幅に上昇した。しかし四大卒未満の女性の賃金増は10％に届かなかった。

平均報酬が上昇したのに報酬中央値がまったく動かなかった理由は、大卒労働者の所得の急増とそれ以外の労働者の所得の停滞によって説明される。実際、所得の不平等が拡大したのはおおむね、四年制大学の学位を持つ労働者と持たない労働者の所得格差の広がりによる。この格差はほぼすべての工業国で広がってきたが、ここでもアメリカが突出している。[*19] 理由の一部は、従来の需給要因で説明がつく。20世紀のほとんどを通じて、イノベーション——電化、大量生産、モータリゼーション、電気通信——の波が相次ぎ、正規教育、技術的な専門知識、認知能力の需要が高まった。第二次世界大戦と朝鮮戦争のときの復員兵援護法のおかげで大卒者の数が一気に増え、その需要に応えた。[20] しかし1980年代と1990年代に、それまでうまく一致していた大卒者の需要と供給の拡大が乖離する。アメリカの若者の大学進学が頭打ちになり、男性では減少したため、大卒者の賃金プレミアムが急増した。21世紀に入ると、プレミアムは1915年に設定された最高水準を毎年超え続けた。[21]

この経緯が明らかに示しているのは、アメリカが個人と全体の生産性を上げるには、100年以上前からしてきたように、教育とスキルの水準を上げるための投資を継続的に行う必要があることである。しかし、中間層の労働者の教育水準が急速に上がったにもかかわらず、なぜ40年前からアメリカの中間層の労働者の所得が生産性の向上と分離したのかを、この経緯は説明していない。[22]

中位賃金が停滞し、高学歴労働者の所得が上がるにつれ、国民所得のうち所得分布の最上位層に回る割合はますます大きくなった。1979年から2018年にかけて、所得上位10％に回る税引前国民所得の割合は35％から47％に増えた。つまり、10％の個人が国民所得のほぼ半分を手にしたことになる。同じ期間に、国民所得のうち上位1％のものになる割合は11％から19％に増えた。つまり1％の人々が国民所得の5分の1を受け取ったということだ。他方で、下位50％に回る国民所得の割合は20％から14％に減った。[23]

上位層の所得増には複数の原因がある。すなわち、テクノロジーによって多数のセクターで上位層の労働者と企業が過大な市場シェアを握れるようになった「スーパースター」効果（例えばグーグル、フェイスブック〔現メタ〕、エクソンモービル、ディズニー、ブラックロック）、最高幹部に法外な高給を支払うことに実質的にペナルティを科していた最高税率の段階的な引き下げ、経営陣・管理職・工場労働者の妥当な賃金水準がどれくらいかについての規範の変化などである。[*24]

所得の集中度とその上昇の程度で、アメリカはまたも飛び抜けている。英語圏の工業国も西欧と北欧の国々も、上位1%の人々が手にする所得の割合と過去40年間にわたるその割合の増え方で、アメリカにとうてい及ばない。[*25] 税制と所得移転政策によって税引前所得の集中を相殺することは理論的に可能だが、アメリカは大半のヨーロッパ諸国ほど税制によって不平等を相殺していない（ただし興味深いことに、カナダやスウェーデンは例外である）。[*26] 結果的に、アメリカは他の工業国よりも税引後の不平等が大きく、格差の拡大が大幅であった。

雇用の二極化

このような所得格差の広がりを反映するとともに促進している一つの要因は、伝統的に高賃金の職業と伝統的に低賃金の職業に仕事の増加が二極化し、中間層が犠牲になっていることだ。労働市場のハイエンドでは、成長する高学歴・高賃金の職業群が、前途有望なキャリア見通しと増えていく生涯所得と盤石な雇用の保障を提供している。その対極にある低学歴・低賃金の職業群は、経済的な保障がほとんどなく、キャリアを通じて所得が増える見込みは薄い。生産現場、機械操作、事務・管理補助、販売などの伝統的な中間層の仕事は減少している（図2・5参照）。

労働市場が二極化した原因はわかっている。20世紀の間に農業から工業へ、そしてサービス業

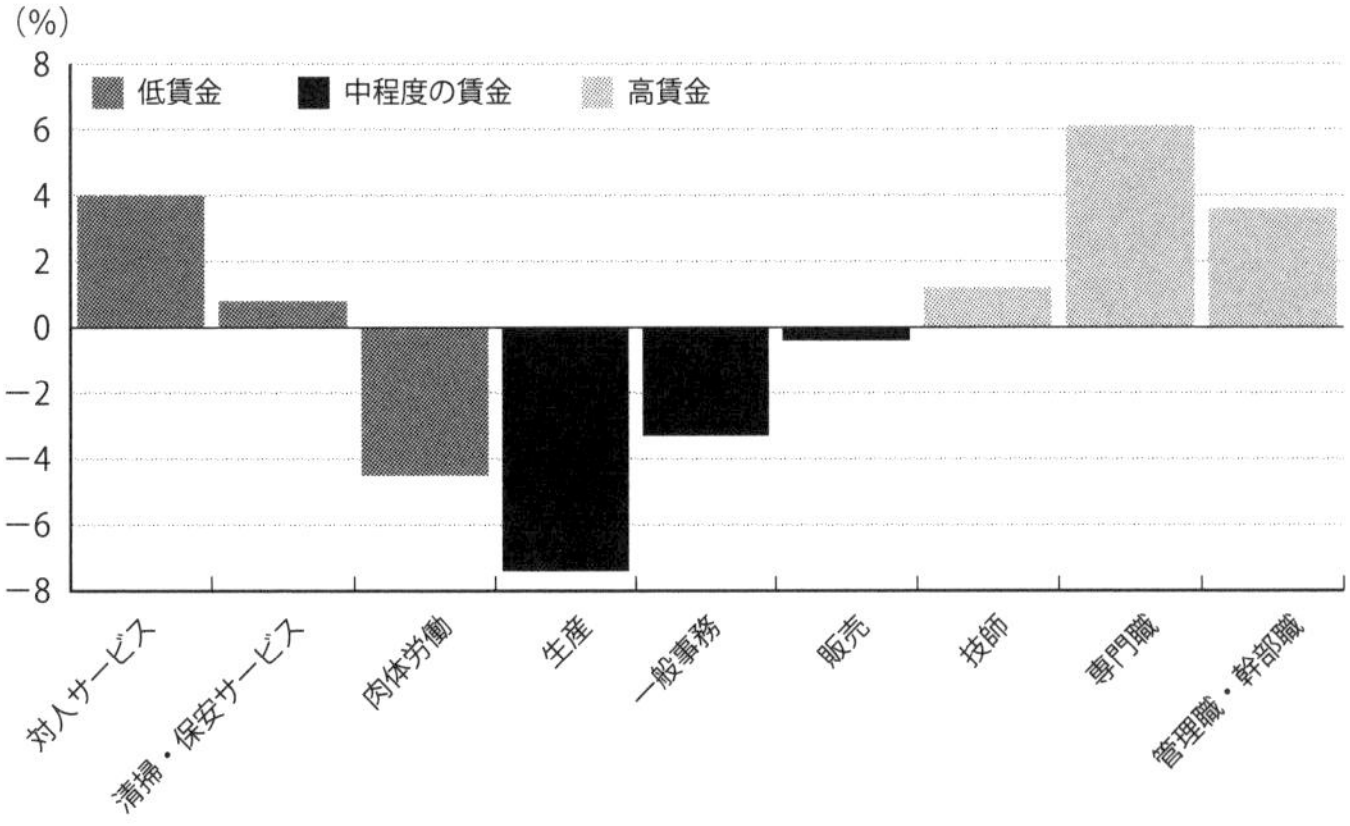

図2.5　就労年齢の成人の職業別に見た雇用割合の変化（1980〜2015年）

注：雇用の増加は高賃金職と低賃金職に二極化した。

出所：Steven Ruggles, Sarah Flood, Ronald Goeken, et al. Integrated Public Use Microdata Series: Version 8.0 [dataset], University of Minnesota, 2018, http://doi.org/10.18128/D010.V8.0; U.S. Census of Population data for 1980, 1900, and 2000; American Community Survey（ACS）data for 2014 through 2016; David Dorn, "Essays on Inequality, Spatial Interaction, and the Demand for Skills," PhD diss., Verlag nicht ermittelbar, 2009.

へと労働力が移動したことによって、肉体労働の需要が徐々に減り、実質的にあらゆる職業において頭脳労働の重要性が高まった。特に過去40年間のＩＴ化がこのプロセスの影響範囲を広げ、プログラム化できる定型的な認知タスク（例えば簿記、事務、反復的な生産業務）を行っていた労働者は職を追われて、今ではそのようなタスクがソフトウェアで簡単に自動処理化され、デジタル機器によって安価に行われている。今も進行中の、定型的な人間の労働が機械に代替されるプロセスは、情報、計算、問題解決、コミュニケーションに頼る職に就いている高学歴労働者――例えば医療、マーケティング、設計、研究の仕事をしている人々――の生産性を上げる傾向がある。それは同時に、それらの人々のために情報収集、整理、計算のタスクを行うことが多かった中技能労働者の職を奪う。販売、事務、管理補助、組み立てライン工の仕事がこれに含まれる。[*27]

皮肉にも、デジタル化の影響が最も小さかったのは、低賃金の肉体労働とサービス職、例えば飲食サービス業、清掃業者、ビル管理人、造園業者、警備員、在宅医療助手、運転手、さまざまな娯楽・レクリエーション業者であった。[*28] こうした仕事を行うには手先の器用さ、視覚認識力、対面コミュニケーション、臨機応変性が求められ、これらは現在のハードウェアとソフトウェアの能力がまだほとんど及んでおらず、教育水準が高くない大人でも簡単に実行できる。中技能の職業が衰退するにつれ、肉体労働とサービス職が高卒以下の人々が就く職種の中心になっていった。

この二極化はすぐには止まりそうにない。パンデミック前の予測になるが、アメリカ労働統計局（ＢＬＳ）が２０１９年から２０２９年にかけてアメリカで正味約６００万人分の仕事が増えると推定している。[29] 600万のうち480万はわずか30の職種で生じると推定されている。その3分の2が中位賃金未満の職業だという。

今進んでいる雇用の二極化と符合するように、最も仕事が増えると見込まれる上位3職種はその場でサービスを行う仕事、すなわち在宅医療・介護助手（120万）、ファストフード店員（46万）、調理師（23万）である。最も仕事が減ると見込まれる上位3職種はレジ係、秘書・事務補助、組立工・加工職である。[30] この3職種はすべて、主なタスクがコード化できる情報処理や反復的な組み立てであり、自動化されやすい。[31]

しかし、進行する職業の二極化が中技能の生産、機械操作、技能職、事務職の雇用を侵食しつつあるとはいっても、アメリカがこのような職種への投資をやめるべきでないことは強調しておきたい。雇用主は今後もこうした職業に人を雇い続けなければならない。労働者が退職したり他のセクターに移ったりするからだ。[32] 一方で、医療セクターが急拡大し、従来は存在しなかった職業に中技能の仕事が多数生まれる。企業や政府にサービスを提供するサプライチェーン〔供給網〕企業部門も同様である。呼吸療法士、歯科衛生士、臨床検査技師などの仕事は、当該分野の準学士号を持つ労働者に中位所得の給与を提供する。[33] これらの分野は対象を絞った訓練投資先の有力な候補である。

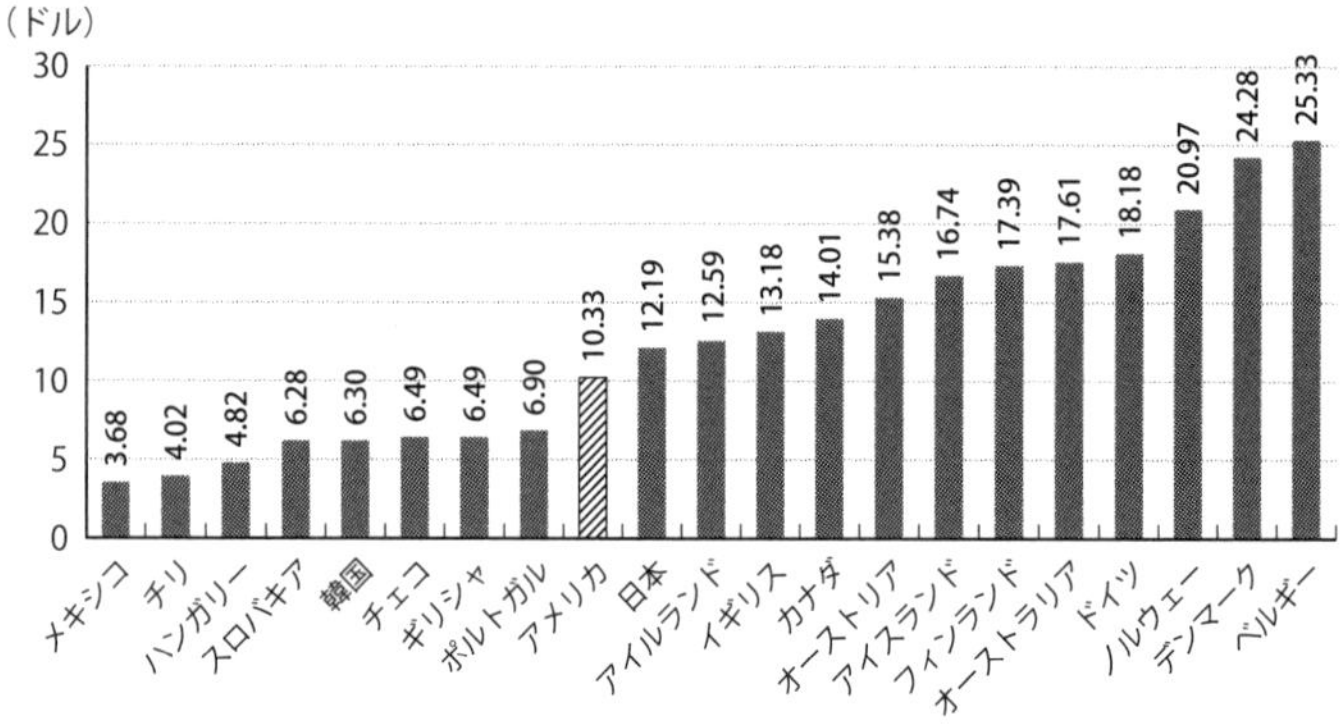

図2.6　アメリカと他のOECD加盟国における低技能労働者の購買力平価調整後の総時給

注：他の工業国に比べてアメリカは低技能労働者の賃金が低い。
出所：https://stats.oecd.org/Index.aspx?QueryId=82334.

「雇用の質」の問題

アメリカの低賃金職の賃金と福利厚生が労働者を貧困から抜け出させ、経済的保障への適正な期待に応えるなら、雇用の二極化自体は問題ではない。ところがそうなっていない。雇用の質の指標——賃金、労働環境、解雇の事前通告、有給休暇・病気休暇・家族都合休暇の付与——のほぼいずれを見ても、アメリカの低学歴・低賃金労働者は他の裕福な工業国の同じ技能レベルの労働者に比べて待遇が悪い。*34 図2・6はその一つのベンチマークとして、2015年のOECD加盟21ヵ国における低技能労働者の購買力平価調整後の総時給（税引前）を比較したものである。*35

アメリカの低技能労働者はイギリスの低技能労働者の79％、カナダの低技能労働者の74％、ドイツの低技能労働者の57％しか稼いでいない。一つの指標で完全な比較ができるわけではないが、図2・6に描かれた定性的な像を多数の分析が裏付けている。[36]

最近『ニューヨーク・タイムズ』紙に掲載されたニコラス・クリストフの記事は、アメリカの低賃金労働者が他の工業国の低賃金労働者に比べていかに立場が弱いかを印象的に説明している。[37]クリストフの指摘によると、デンマークのマクドナルドで調理を担当する労働者の時給は約22ドルからスタートするという。諸手当を含むこの数字に、インディアナ州だろうが、カリフォルニア州だろうが、最低賃金の引き上げを求める「最低時給15ドル」運動が活発な物価の高い都市も含め、アメリカのどこのファストフード店員も衝撃を受けるだろう。しかしこの賃金差は、報酬の本当の格差を実は小さく見せている。デンマークのマクドナルド店員は年間6週間の有給休暇が与えられ、生命保険と年金に加入しているのだ。このような福利厚生がアメリカのマクドナルドで働き始めたばかりの調理担当者に提供されるなどという話は聞いたことがない。[38]

都市部の仕事の二極化

アメリカの不平等には地理的な側面もある。過去30年間に、ニューヨーク、サンフランシスコ、ロサンゼルスのような都市では所得水準が急激に上がり、経済が活況に沸いた。就職機会と他の土地よりも高い賃金に惹かれて、高学歴労働者がこれら知識労働の中心地に集まっている。インターネットと通信技術によって「距離の死」（場所の制約がなくなること）が予想されたのとは裏腹に、都市部の魅力は減るどころか増し、都市と地方、若者の多い地域と高齢者の多い地域の間で経済格差が開いた。ミズーリ州カンザスシティ、オハイオ州コロンバス、ノースカロライナ州シャーロット、テネシー州ナッシュビルなどの中規模都市も、相対的な物価の安さを生かして知識経済の恩恵に浴した。

それ以外の、ミシシッピ州からミシガン州までかつて栄えた多くの都市圏はもっと悲惨な状況だ。こうした地域は経済が停滞し、働き盛りの成人の雇用が減少し、連邦政府からの就業不能給付金の受給率が高い。

非大卒労働者は以前なら都市に移れば収入を増やせたが、今は違う。アメリカの都市がかつて出目を問わずあらゆる労働者に提供していた経済的な上昇手段《エスカレーター》は減速した。最も豊かなアメリカの都市でも、労働者は次第に二分されつつある。かたや高給の専門職は、繁栄している都市部ならではの快適な暮らしを享受している。他方、最下層の低学歴サービス労働者は細っていく購買力で日々をしのぎながら、富裕層の世話と安楽さと利便性のために仕えている。

このようなトレンドは、アメリカの都市部に偏って多い人種的マイノリティの労働者の就職見通しに特に痛手を与えてきた。[*39] 図2・7が示す通り、非大卒白人の中位賃金職の就業は、都市部で非都市部よりも6〜8%ポイント下がった。黒人とヒスパニック系はその減少幅が12〜16%ポイントと2倍である。いずれの場合も、中位賃金の雇用の減少に呼応するように低賃金の雇用が増加した。データは非大卒の都市労働者に職業の上方移動がないことを示している。さらに、大卒の都市労働者では職業の二極化がそれほど目立たないが、これについても黒人とヒスパニック

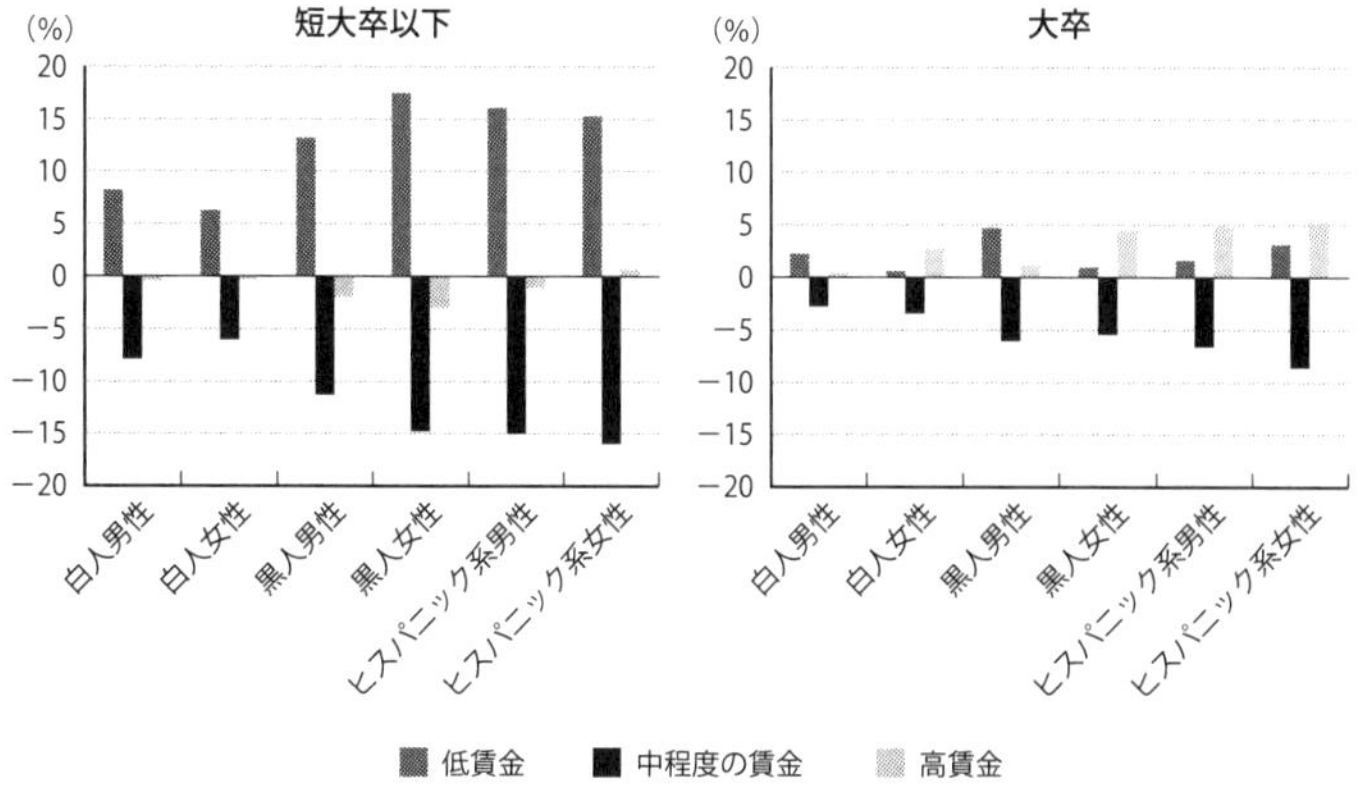

図2.7　非都市部に対して都市部の労働市場における学歴、性別、人種ないし民族ごとの職業別雇用割合の変化（1980～2015年）

注：都市部の職業の二極化は人種的マイノリティの労働者のほうがはるかに顕著だった。

出所：David Autor, "The Faltering Escalator of Urban Opportunity," MIT Work of the Future Research Brief, July 2020.

系の大卒者では白人の大卒者の2倍以上も大きい＊40。

都市部の仕事が二極化するにつれ、非大卒労働者にとって都市の賃金プレミアムは縮小し、その減少幅は黒人とヒスパニック系の労働者で最大だった（図2・8参照）。非都市部に対する都市部の賃金差は非大卒のヒスパニック系で5～7％、非大卒の黒人で12～16％縮小した＊41。それに対して、非大卒の白人では、賃金プレミアムがほとんど減少していない。また、都市部の賃金プレミアムが全般的に増大した大卒労働者でも、人種的マイノリティが受けた恩恵は相対的に少ない。増加幅は男女とも白人のほうが黒人とヒスパニック系よりも大きかった。さらに、前述した職業の下方移動と一致するように、

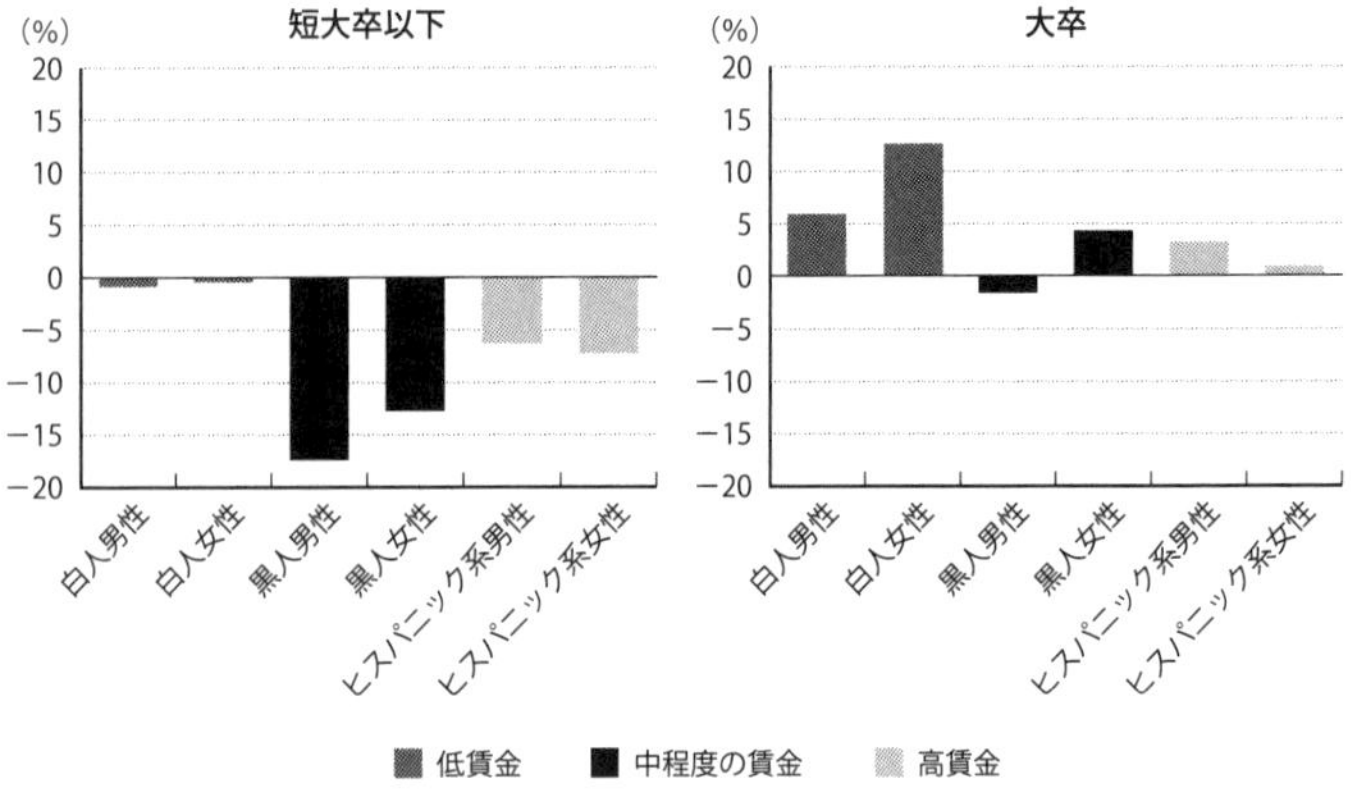

図2.8　都市部の労働市場の人種的マイノリティにおいて進む都市の賃金差の二極化（1980〜2015年）

注：図は都市部と非都市部の労働市場を比較した実質賃金水準（居住地の生計費調整なし）の割合の1980〜2015年の変化を学歴、性別、人種ないし民族別に示している。都市の賃金プレミアムの縮小幅は人種的マイノリティの労働者のほうがはるかに大きかった。

出所：David Autor, "The Faltering Escalator of Urban Opportunity," MIT Work of the Future Research Brief, July 2020.

都市部の黒人の大卒男性は非都市部の黒人の大卒男性に比べて賃金が下がった。これは憂慮すべき結果であり、本書で提示できる以上の踏み込んだ調査を行うに値する。

労働分配率の低下

「所得に反映されなかった分の生産性はどこへ行ったのだろうか」という問いへの答えは二つの部分に分かれると先に述べた。一つ目の答えが不平等の拡大である。二つ目の答えは、国民所得に労働報酬が占める割合の低下だ。2000年頃から、中位賃金と平均賃金の伸びはともに、全体の生産性の伸びに後れを取るようになった（図2・3にも見られる）。つまり、労働者の総体に支払われる経済産出高の割合（一般に労働分配率と呼ばれる）が下がる一方で、それに比例して、資本と利益に支払われる経済産出高の割合は上昇した。具体的には、2000年以降、アメリカでは労働分配率が約7％ポイント下がり（急激な低下）、他の多くの工業国でもそれほどではないが無視できない程度に下がった。[*42]

この進展の特に驚くべき点は、20世紀のほとんどを通じて、国民所得に占める労働（賃金や報酬の形を取る）と資本（賃貸料と利益の形を取る）の配分が非常に安定的に見えたため、一種の経済法則とみなされるようになったことである。すなわち国民所得の3分の2が労働に、3分の1が資本に配分される。[*43] しかしこの法則は過去20年間繰り返し破られ、今や成長の勢いが落ちてパイの分け前が縮む一方の労働者側が損をする形で、明らかに無効化されている。なぜ労働者の分け前が縮小しているのかについては経済学者の見方がまだ一致していないが、原因と考えられるものを理解することは、所得の分配に影響を与えうる多くの要因を解明するのに役立つ。

これを説明する一つの重要な要因は規制の不備である。具体的には、反トラスト法規制当局が、インターネット検索、ソーシャルネットワーク、コンピュータ、エレクトロニクス・携帯機器、ブロードバンド・ワイヤレスサービス、航空輸送、医療保険、電気器具などの分野で大企業によるセクター支配と競合他社つぶしを十分に防いでこなかった。[*44] 企業のセクター支配が問題なのは、企業が自社の市場支配力を利用して価格を競争的水準よりはるかに高く設定し、その高価格が法外な利益を生むからである。労働組合の交渉力が強かった時代には、利益が一般の労働者、経営者、企業所有者（株主も含む）の間で分配されていたかもしれない。しかし労働組合が歴史的な弱さになった（後で論じる）今の時代は、株価、配当金、税引後利益の上昇として、利益が主に企業所有者の手に渡る。結果的に、市場支配の拡大によって、国民所得に占める労働者の取り分の減少が進んでいる。[*45]

この説明の一つの弱みは、労働者の取り分の減少が同じ時期に多くの国で起きたように見えることである。ほとんどの国で同時に反トラスト法の執行を緩和したとは考えにくいので、この観察は多くの国で同時期に労働者の取り分を損なう共通の原因があった可能性を示唆している。[*46] 共通の原因として一つありうるのは、急速に人間に近い能力をつけているロボットやＡＩのようなテクノロジーである。もしテクノロジーが既存のタスクから労働者を追い出す一方で、労働者を使う新しいタスクを生み出して失業を相殺していないとすれば、国民所得に占める労働者の取り分が減少した原因はこれだろう。この主張を裏付ける重要なエビデンスは、ロボットを最も集約的に使うセクター、例えば鉱業、石油・石炭生産、自動車製造、エレクトロニクスにおいて労働者の取り分の減少が速かったことである。*47 個別の企業単位で見ると、ある工場でロボットを採用すると、収益のうち労働者に支払われる割合が減ることも調査でわかっている。*48 このエビデンスには説得力があるが、どれだけ広範囲に――つまり重要ではあっても限定的な産業ロボットの世界以外に当てはまるのかはまだ明らかではない。実は近年の多数の研究によって発見された一つの事実は、もし自動化が広範に労働者を失業させているとしたら予想されるのとは異なり、ほとんどの産業において典型的な（中央値の）企業で労働者の取り分が減っていないことである。*49

ほとんどの企業で労働者の取り分が減っていないのに、総計では減っているとはどういうことだろうか。もしすでに労働集約的ではなく資本集約的な――つまり労働者の取り分が少ない――企業が経済の中で比重を増しているとしたら、これはありうる。「スーパースター企業」現象とも呼ばれるこの仮説は、いかに技術変化が広範な経済的帰結を一見わかりにくいが重大な形で変えうるかを明確に示す。どのようにしてそれが起きるかを今から説明しよう。

大企業が平均よりも資本集約的で自動化が徹底していることはさまざまな文献で報告されている。このような企業は競合他社に比べて概して生産性が高く、利益が大きく、収益のうち資本と利益に回す割合が大きく、労働者に回す割合は小さい。ここで、高度化していくオンラインおよび国際市場では、生産性ないしコスト面で少しでも優位に立つ企業がますます有利になる可能性を考えてみよう。これが起こりうるのは、オンライン市場の価格競争が激しいために、コスト面の優位性が少しでもある企業が大きな市場シェアを獲得できるからである。あるいは、大企業が高度な製品（スマートフォンOS、検索サービス、ソーシャルネットワーク、医療保険プラン）を大規模に生産できる場合にもこれが起こりうる。小さな企業が真似をしても利益を出せないからだ。いずれにしても、やがては収益のうち労働よりも資本と利潤に回す割合のほうが大きなスーパースター企業に経済活動が集中する結果になる。実際にそうなってきたことを示唆する最近のエビデンスがある。多くの産業において大企業が獲得する売上のシェアが増え、大企業よりも労働集約性が高くて資本集約性の低い小規模な競合他社を退出させ、その過程で国民所得に占める労働の割合を下げているのだ。

今述べた生産性向上と報酬増の乖離は、2005年頃からアメリカと多くの工業国で起きたように生産性の向上が減速するときほど顕著である。経済のパイの成長が過去数十年に比べて遅くなるだけでなく、そのパイに占める労働者の取り分も縮小していくからだ。その結果、当然ながら、労働者は自分が手にするはずの成果はどこへ行ったのかととまどうことになる。

格差は成長に寄与したか

アメリカは過去40年間、一般の労働者にとってもっとうまくやれたはずだろうか。答えは当然イエスだと言う読者もいるだろう。しかしアメリカ経済を自由放任主義《レッセフェール》のレンズを通して見る人は同意しないかもしれない。この見方によれば、アメリカにおける市場成果の極端な不平等は、アメリカ経済がダイナミズムと経済的流動性と特大の経済成長をもたらすための必要条件――そしておそらくは支払うに値する代償――だった。この論法に従うなら、アメリカは他の望ましい成果を犠牲にしない限り、もっとうまくはやれなかった。

この主張は正しいだろうか。不平等が経済成長を助けるのか、それとも損なうのかを調べるさまざまな国の研究は、決定的な結論を出していない。[*50]とはいえ、アメリカに関しては明快な結論をデータが裏付けている。すなわち、アメリカが不平等から得ている「見返り」は小さい。

アメリカの不平等の負の見返りはさまざまな形で表れている。まず、就業年齢人口の中で雇用されている人の割合を見てみよう。経済的によくある想定をするなら、高水準の不平等を許容しない国はその代わりに雇用率が低いだろう。最低賃金が高いために生産性の低い労働者は「買い手がつかなくなり」、労働市場から締め出される、つまり雇用されなくなるからだ。この論法に従えば、アメリカは最低賃金が存在しないに等しいので、他の先進国よりも完全雇用に近くなるはずである。しかし、この予測をデータは裏付けていない。アメリカの男女の雇用率は先進諸国のちょうど真ん中に位置し、ここ20年は他の先進国（例えばカナダ、ドイツ、イギリス、スウェーデン）に比べて大きく下がってきた。

次に、経済パフォーマンスの二つ目の指標である世代間移動を見てみよう。工業国の中でもアメリカは貧富の差が突出して大きい。アメリカよりも不平等な大国を探そうとすると、比較対象を中国やブラジルのような開発途上国にまで広げなければならないほどだ。アメリカの大きな不平等とそれに伴う経済のダイナミズムのおかげで、アメリカの子供たちが一代で経済階層を上昇

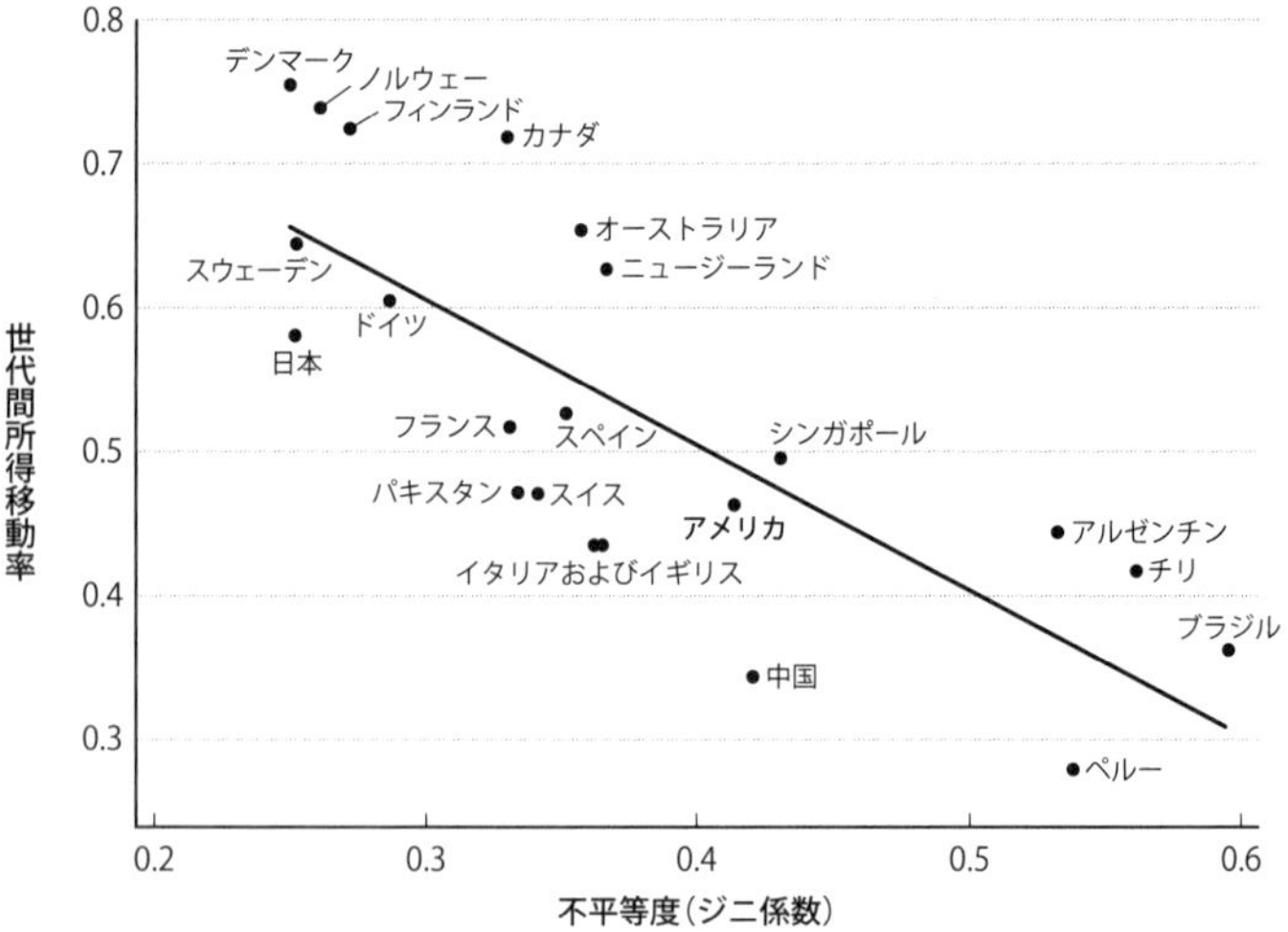

図2.9　各国比較でも所得不平等の大きさは、世代間の経済的移動率の低さと関連

出所：Miles Corak, “Inequality from Generation to Generation: The United States in Comparison,” in *The Economics of Inequality, Poverty, and Discrimination in the 21st Century*, ed. Robert Rycroft (Santa Barbara, CA: ABC-CLIO, 2013).

する可能性が高いのであれば、アメリカは不平等度が高く階層固定度は低いはずである。図2・9は、現実がその逆であることを示している。アメリカは裕福な民主主義国の中で世代間移動率が最低レベルであり、フランス、ドイツ、スウェーデン、オーストラリア、カナダをはるかに下回っている。チェティらが強調しているように、[*51]所得分布の最下位5分の1にいる親の元に生まれた子供が成人して最上位5分の1に到達する確率は、実はカナダのほうがアメリカの約2倍高い（13・5%）。[*52]アメリカは過大な不平等と引き換えに上昇移動という配当を得ているわけではないのだ。

活発な世代間移動は必ずしも強い労働市場を意味するわけではなく、逆もまたしかりだが、この二つの結果は驚くほど密接に結びついている。研究によると、アメリカにおける世代間の絶対的移動率の低下は、若者の実質中位所得水準の世代間上昇によってほぼ完全に予測される。*53 第二次世界大戦直後の数十年間がそうであったように、中位所得が世代間で堅調に増えているときは、絶対的所得移動率が高かった。中位賃金の伸びが世代間で低迷すると、絶対的経済移動率も連動して下がった。

アメリカが不平等から得る特大の「見返り」として三つ目に見るべきは、経済成長の速さである。一般的に、貧しい国は豊かな国よりも成長が速い（重要な例外はあるが）。貧しい国は豊かな国から発する主要なイノベーション（電化、電気通信、医薬品など）に便乗するからだ。豊かな国には便乗できるものがないため、成長が遅い傾向がある。図2・10に見られるように、1960年の各国のGDP水準を起点として1960年から2011年にかけてのGDP成長がL字型を描いているのは、このキャッチアップ現象によって説明がつく。アメリカは1960年時点で群を抜いて豊かな国であり、1960年から2011年にかけては主なヨーロッパ、アジア、北米の国々に比べて成長が最も遅かった。1960年時点ではるかに貧しかった国々は、平均的に成長がきわめて速かった。もしこの論理に反して、経済のダイナミズムのおかげでアメリカは他の工業国より速く成長するはずだと予想していたとしても、その予想が実現したことを示唆するのはこの図にはない。

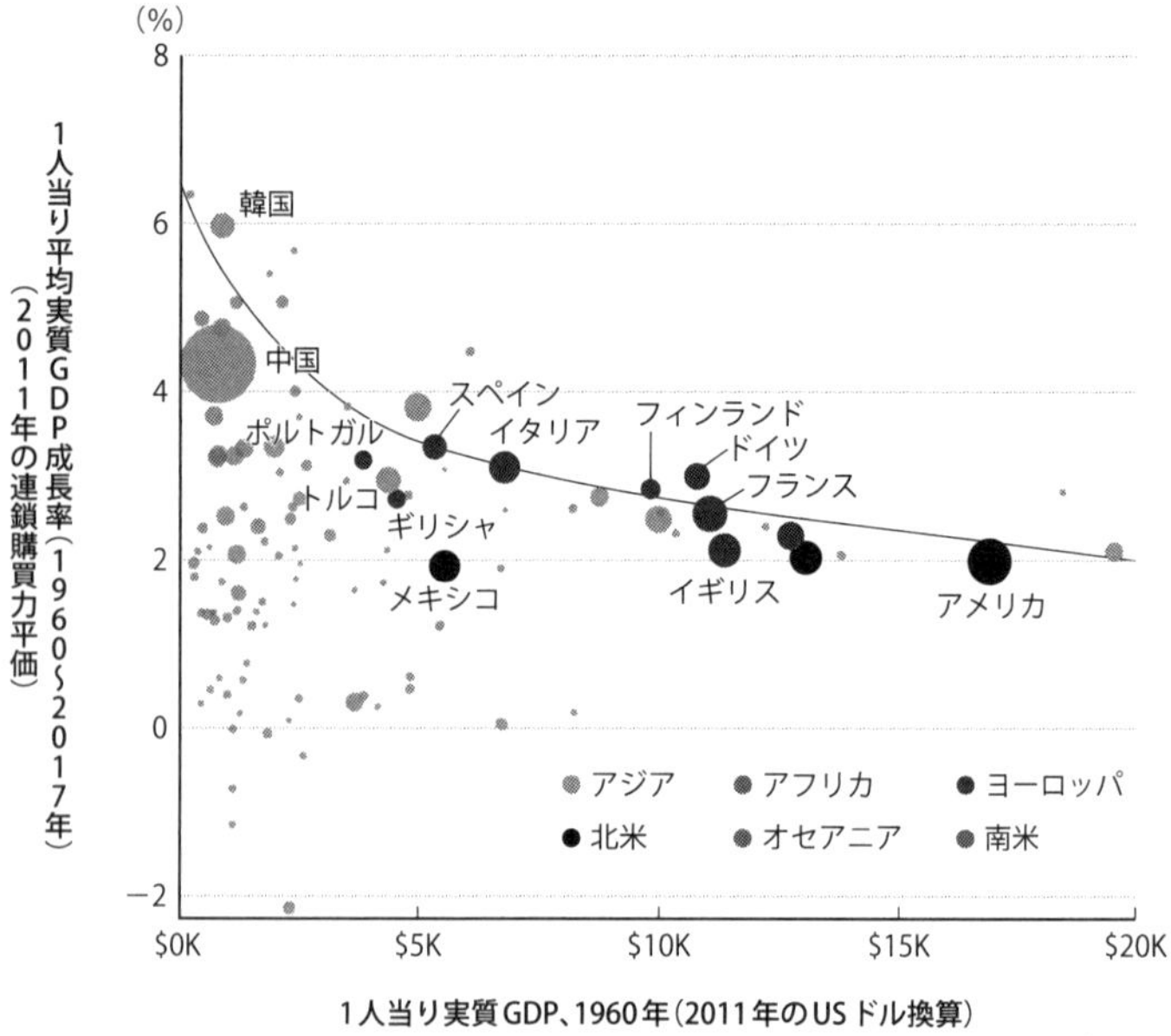

図2.10　1960〜2017年の平均GDP成長率と1960年の1人当りGDPの比較

注：1960年に相対的に裕福だった国々は、その後40年間にわたって成長が遅かった。
出所：Robert C. Feenstra, Robert Inlaar, and Marcel B. Timmer, "The Next Generation of the Penn World Table," *American Economic Review* 105, no. 10 (2015): 3150–3182; Penn World Tables 9.1, Population (Gapminder, HYDE [2016] and UN [2019]).

近年の歴史でも、例えば1990年代半ばの「ドットコム」バブル期のように、アメリカがヨーロッパの先進国よりも速く成長した時代はあった。[*54] しかしここ半世紀の経済データから判断すると、アメリカは先進国の中で突出してはいない。しかも2000年代半ば以降、生産性は工業国全般で大きく減速し、その理由はいまだよくわかっていない。[*55] 残念ながらアメリカもこの点において外れ値ではない。アメリカの生産性の向上は、他の先進諸国と並行して減速してきた。

イノベーションのエコシステム

アメリカの労働市場がこの数十年間、一般の労働者にほとんど成果をもたらさなかったとはいえ、アメリカのイノベーションのエコシステムの強さを見逃すべきではない。アメリカは、ほぼどの指標に照らしても、今なお世界で最もイノベーションが旺盛な経済である。アメリカの起業家精神やリスクテイキングの企業文化が、アメリカの所得分布の最上位層に見られる極端な不平等と相関している可能性はある。[*56] このイノベーションの文化が歴史的にアメリカに恩恵を与えてきたし、今日も恩恵をもたらし続けている。一方で、アメリカの労働人口のかなりの割合がさらされている深刻な経済的な不遇と不安が、機会と流動性を阻害していることもほぼ間違いない。個人と家族と地域社会が自分や子供たちに行うはずの、教育、健康、安全への投資が、このせいで妨げられるのである。

アメリカは、経済成長の成果を一般の労働者の賃金、労働条件、経済的保障に還元するために、イノベーションの文化を手放すべきなのだろうか。アメリカがそのようなトレードオフに直面していると示唆するエビデンスは存在しない。[*57] アメリカがイノベーションを牽引してきた歴史は長い。20世紀はずっと世界をリードし、特に第二次世界大戦後の数十年間は圧倒的なリーダーだった。それに対し、前述した労働市場の病弊――雇用の質の低下、賃金の停滞、生産性向上と賃金増の乖離――は最近のことである。これらの機能不全が、イノベーションの必然的な結果であるとか、他の経済的便益と引き換えのやむをえない代償であることを示唆するものは存在しない。

労働市場の失敗――技術変化・グローバル化・制度変化

アメリカはなぜこの40年間、生産性の向上を大多数の労働者の就職機会の拡大と所得増に転換することに失敗したのだろうか。これには技術変化、グローバル化の圧力、制度変化という三つの要因が寄与している。

技術変化は公式なスキルと専門知識に支払われる賃金プレミアムを押し上げた主要因となってきた。コンピュータとインターネットは仕事のデジタル化を可能にすることによって、高学歴労働者の生産性を上げ、低学歴労働者を機械に代替されやすくした。これは意外ではないはずである。ITは、主導権を労働者から奪って抽象的プロセスに移すことを意図した経営管理技術と縁が深いからだ。デジタル化も上位層への所得の集中に寄与した可能性が高い（これだけで説明がつくわけではないが）。デジタル化のおかげで革新的なアイデアの急速な拡張が可能になり（例えばソフトウェア、金融、エンターテインメント、アマゾンやフェイスブックのような独創的なビジネスモデルにおいて）、起業家は巨富を手にすることができた。同じように重要なのは、ネットワーク化された世界の乗数効果によって、医薬品、法律、デザイン、金融、エンターテインメントなど多くのセクターの一流の才能が莫大な報酬を得たことだ。[*58]

国際貿易が果たしてきた役割も大きい。2001年に中国が世界貿易機関に加盟したことを契機に、2000年代最初の10年間に100万を超えるアメリカの製造業の職が失われた。製造業以外への影響も含めるなら、数字はさらに大きくなる。アメリカではこのような失業が、南部大西洋岸と中南部を中心とした地域の労働市場に集中した。貿易の影響にさらされた労働市場において、中国貿易ショックは雇用率、家計所得、人々の苦境を表すその他の指標に持続的な負の影響を生んだ。中国貿易ショックは、今もアメリカ政治のあらゆるレベルで展開している政治の二極化にもつながった。[*59]つまり、中国が世界の経済大国として台頭したのは中国国内の発展によるものだが、アメリカの労働市場が受けた中国貿易ショックのスピードと規模は、デジタル化の影響とは異なり、アメリカの政策の直接的な副産物だった。[*60]

同様なデジタル化とグローバル化の圧力はほとんどの工業国にも影響を及ぼした。アメリカは何が違うのだろうか。以下に述べるように、アメリカ特有の制度変更と政策選択が、これらの圧力によりアメリカの労働市場にもたらされた帰結の緩和に失敗し、一部では増幅してしまったのだ。[*61]

第一に、労働組合加入率が急激かつ長期にわたって低下したために、一般の労働者が生産性向上に見合った賃上げを交渉する力が乏しくなった。1979年から2017年にかけて、団体交渉協定の対象となっているアメリカの労働者の割合は26％から12％に下がった。この低下は民間セクターにおいていっそう顕著で、1979年の21％が2019年には6％になった[*62]。労働組合加入率はすべての工業国で全般的に下がる傾向にあったが、イギリス――アメリカと同じく不平等が急拡大した――を除く他の国々で、組合加入率が同じくらい大きく下がったりここまでの低水準に達したりしたところはない。この組合加入率の低下には多数の原因がある。伝統的に組合加入率の高い製造セクターから雇用が離れたこと。組合結成の動きに雇用主が抵抗するようになったこと、これには全米労働関係委員会による団体交渉保護の執行が緩くなっていることも影響している。第二次世界大戦後に国際競争が加速し、アメリカの労働者が他国の労働者と熾烈な競争関係に置かれたこと。90年近く前、1935年のワグナー法によって作られた団体交渉の枠組みのせいで、アメリカの労働組合をはじめとする労働者代表組織が、サービス業中心へと急速に変わっていく経済に適応しづらいこと。

アメリカの労働市場に加わる圧力を増幅した第二の原因は、インフレと連動してこなかった最低賃金である。イデオロギーと企業からの強い抵抗を受けた歴代のアメリカ議会は、クリントン政権とオバマ政権の短い期間を除き、連邦政府が定める最低賃金の実質価値が縮小するのを放置してきた。2020年時点で、連邦最低賃金の実質価値は70年前の1950年と同水準であり、1979年の実質価値より約35％下がっていた。取得可能な最も優れたエビデンスは、うまく調整された最低賃金は雇用に与える負の影響が小さいか検知できない程度であり、家庭の貧困率を下げ、アメリカの賃金分布の下方部分に偏って多い人種的マイノリティ労働者の所得増に特に効果が高いことを示している。[63]それ自体が意図的な政策決定だったアメリカの連邦最低賃金の実質的な低下は、アメリカの所得の不平等を増幅し、低賃金労働者の所得増を妨げ、加入者を代表して交渉する労働組合の力をいっそう弱めた可能性がある。

第三に、アメリカの労働政策は前時代の遺物である。議会はアメリカの労働政策および社会政策を現代化することを怠り、直接雇用の従業員に与えられていた従来の保護を、数が増えつつある契約社員や臨時職員やギグワーカーに拡大してこなかった。また、議会はフルタイム雇用されていなかった人々への失業保険給付の受給資格や適用の柔軟性を拡大することも怠ってきた。最後に、基礎水準の〔転職先に〕持ち運び可能な医療保険および病気・家族都合・育児休暇が全労働者に使えるよう保証しなかった。政策のこうした欠如が、労使関係の専門家デヴィッド・ワイルのいう労働力の「断裂（fissuring）」を深めた。[64]タスクフォースメンバーのクリスティン・ウォリーの言葉を引用すると、「従業員は自分が次第に外部委託先や下請けにされ、パートタイムないしオンデマンド労働者にされ、行使できる力と労働者保護が減らされていることに気づいている」。[65]

アメリカの労働市場に加わった圧力の第四の原因は、保護措置が取られないまま自由貿易が拡大されたことだった。共和党政権下でも民主党政権下でも、アメリカは開発途上国、特にメキシコおよび中国との自由貿易拡大を政策主導で受け入れながら、その政策が招いた競争条件の変化にいきなりさらされた労働者と地域社会の所得と雇用の喪失の衝撃を和らげたり、再訓練のニーズに手厚く対応したりする補完的な貿易調整政策を設けてこなかった。貿易拡大によって消費者物価が下がり、生産者にとって新たな市場ができ、新しい製品とサービスの創造が促されるという経済的な洞察の核の部分を私たちは尊重するが、こうした総合的な便益に価値があればこそ、貿易政策によって大きな痛手を被る労働者と地域社会を支援することにはなおさら正当性がある。アメリカが支援を怠ってきたために、経済的、社会的、政治的なダメージは支援策を設けていた場合にかかっていただろうコスト以上に大きくなった。

労働市場の大分岐と、大分岐に拍車をかけたテクノロジーとりわけＩＴの役割に照らせば、ＡＩ、ロボット工学、自動運転車、先進製造技術などの新しいテクノロジーへの懸念が改めて浮き彫りになる。これらのテクノロジーは今日の労働市場の問題を軽減するのか、それともますます重大にするのか。タスクフォースが人々から問われた言葉に言い換えるなら、「ロボットは私の職を奪うのだろうか？」

第3章

テクノロジーとイノベーション

TECHNOLOGIES AND INNOVATION

人間そっくりのＡＩの波が急速に押し寄せて、私たちはみな職を失うのだろうか。アルゴリズムと精巧なロボット技術は、サービス経済の低賃金職の成長を阻むのだろうか（あるいは新型コロナによって職を追われた労働者に取って代わるのだろうか）。もうすぐロボットが荷物を梱包したり高齢者の介護をしたりするのだろうか。

たしかなところはわからない。テクノロジーの発展は想定外の連続だからだ。しかし、未来にはさまざまなテクノロジーが混在し、大企業や中小企業のさまざまな取り組みが混在するだろうことだけはたしかである。前章で示したように、高技能職がパワーアップし、不平等が拡大し、労働者の発言力が損なわれ、人種間格差のある今のアメリカで新しいテクノロジーが進化していくこともまたわかっている。政策は貿易と労働に関する制度を方向づけるのと同様に、テクノロジーも方向づける。企業がテクノロジーを開発し採用するスピードと方法にも、組織文化、経済的インセンティブ、経営慣行にも、政策が影響を与える。
「ロボット」をめぐる懸念には、もっと広い文化的な不安も表れている。[*1] 新型コロナ禍の前からすでに、中流および労働者階級のアメリカ人、特に中等後教育や専門技能のない人々にとっては、労働形態が不安定になる傾向が高まっていたため、不安要因は十分すぎるほどあった。技術変化に取り残された労働者と地域社会のニーズに対応してきた実績がアメリカには乏しい。このような経済的変化の理由が一般の人々には不透明であるため、より広範でわかりづらい変化を体現するものとして、暴走するテクノロジーという聞きなれたナラティブにうまくはまる象徴的な機械「ロボット」に注目したくなるのだ。

２０１８年にテクノロジーと仕事をめぐる懸念が噴出した一つの理由は、それ以前の自動化とＩＴ化の波が反復的な肉体労働と知的労働を奪ったのと同じように、判断力と専門知識を必要とする仕事をＡＩが脅かすようになったからである。高い専門性を持つオフィス労働者――例えば保険査定員、法律事務員《パラリーガル》、会計士など――が自動化と失業の対象になる、と指摘する報告書もいくつかある。トーマス・Ｗ・マローン、タスクフォースメンバーのダニエラ・ルス、ロバート・ローバッカーが執筆したタスクフォース研究概要が、ＡＩがもたらすこうした課題の概要を述べ、今後どうなるかを考察している。[*2]

未来が数学や物理学の法則によって機械とアルゴリズムに書き込まれているわけではないことも私たちは知っている。技術変化のプロセスには、人間の選択が結果に影響を与えることを可能にする、というよりむしろそうすべきタイミングが無数にある。エンジニアは自分が作る機械に社会的関係と望ましい未来をエンコードする。そして経済的インセンティブ、研究開発プログラム、組織の選択は、新しいテクノロジーの進化に対して、エンジニアのビジョンと少なくとも同じくらい影響力がある。例えば自動運転技術は、ＤＡＲＰＡをはじめとするさまざまな機関を通じて連邦政府の支援を何十年も受け、そのレガシーがいまだに技術に影響を及ぼしている。同様に、新型コロナの流行期には企業、学校、政府がオンラインツールの利用にいっせいに移行するさまを私たちは目にした。公衆衛生上の危機がオンラインツールの発展と普及に影響を与えたわけである。研究開発プログラムの管理者、役員室の取締役、本社の計画担当者、製造現場の管理職が行う意思決定もまた、新しいツールが登場し普及する際に仕事がどう変化していくかを決める。

経営慣行は新しいテクノロジーの普及のスピードと性質にも影響を与える。アリ・ブロンソーラー、ジョゼフ・ドイル、タスクフォースメンバーのジョン・ヴァン・リーネンが、医療ＩＴに関する研究概要の中で述べているように、職場にテクノロジーを統合し適合させるプロセスに初期段階から労働者を参加させることが、新しいシステムの受容と機能向上を促す。[*3] 逆に、新しいテクノロジーと働き方をトップダウンで押しつけると、逆効果になりやすい。関係者が変化に抵抗する可能性があるためだ。ＩＴ導入の意思決定者（上級管理職など）とツールを使う人（医師や看護師）が乖離している場合は特にそうなる。医療機関全体で医療ＩＴの新しい能力活用に労働者の関与を高めることが、新しいテクノロジーを受け入れられやすくし、生産性向上を速めるとともに労働者への負の効果を緩和しうることを研究者は見出している。

技術進歩の「仕事」への影響

この章では、主要なテクノロジーの現状――すなわち保険と医療の業務プロセスにおけるＡＩ、自動運転車、製造と流通におけるロボット、ＡＭ〔アディティブ・マニュファクチャリング、付加製造〕技術――を探るタスクフォースの調査を総合して、仕事への影響を評価する。これらの技術のうち、自動運転車などいくつかは広範な普及にはまだほど遠いため、仕事がどのように変わるかの予測は、おおまかな時間的見通しと10年以上にわたる漸進的な変化を予測する以外、推論の域を出ない。倉庫内で運搬に使われるようになってきたロボットのように、形になったテクノロジーがすでに普及しつつあるので、もっとはっきりわかっている事例もある。書類や請求書を読み取ったり、処方箋をスキャンしたり、取引を追跡して不正の可能性のあるものに警告を発したりするソフトウェアの利用という形をとっているため、イメージしづらいものもある。どの技術も、誕生から揺籃期までの育成と、産業界でその技術を活用する人々の訓練を、連邦政府による基礎研究の長期的な支援に負っている。

今回の調査から出てきた主要なテーマは三つある。第一に、ＡＩとロボット工学の応用は、安全性や生産に不可欠な用途においては特に、開発と配備に時間がかかる。ＡＩとロボットは実現が見込まれるものの、その時期は一部の人々が恐れるほど近くはないので、起こりうる未来をある程度予見して準備する時間が稼げる。流動的な環境での臨機応変性が、まだ機械がとうてい及ばない人間の重要な特性であることに変わりはない。実現が徐々に進むおかげで、新しいテクノロジーを社会と経済に最大の益をもたらすように取り入れる方法を考えるチャンスができる。とはいえ、もしこれらのテクノロジーが、既存の不十分な労働制度に従って運営されている経済に配備されたら、今の悪しきトレンドをたやすく助長しかねない。つまり、雇用主と最も高学歴の労働者だけが恩恵を受け、一般の労働者にはほとんど得るものがない技術変化になってしまう。

第二に、テクノロジーには仕事を奪う一方で人間の能力を増大させる面もあり、そこには多様な要因が絡む。後で取り上げる事例では、ＡＩが法務監査人の仕事を補佐し、法務監査人がより付加価値の高いタスクに時間を使えるようになった。会社には監査人をさらに雇う必要が生まれると同時に、効率性が上がった。別の事例では、移動ロボットが倉庫作業員の能力を増大させ、現時点ではロボットにない手先の器用さを求められるタスクに人間が集中できるようになっている。

第三に、テクノロジーがどう配備され普及するかに対して組織は大きな影響力を持ち、それゆえに、組織に影響を及ぼす政策がテクノロジーをどう方向づけるかに対しても影響力を持っている。特定の企業を支援するテクノロジーを配備する際、統合と適合には費用と時間がかかる。テクノロジー曲線のこの段階におけるイノベーションには、より簡単なプログラミングや標準化されたインターフェースのような技術的なものもあれば、ロボットが行うタスクを微調整するために現場の労働者を関与させるなど組織的なものもある。どちらの場合も、技術変化を生産性向上につなげ、なおかつ大多数の労働者に機会と流動性とある程度の経済的保障を与えられる労働市場に結びつけるには、統合と適合が重要である。

AIとロボットの実用化までの時間

第一のテーマであるAIとロボットの実用的用途の開発と配備にかかる時間を検討するにあたって、時間の経過に伴う技術変化の性質は考慮に値する。人は新しいテクノロジーについて考えるとき、マイクロプロセッサの性能がまるで奇跡のように倍増していくムーアの法則、あるいはここ数十年にスマートフォンやアプリが驚異的に普及し社会に重大な影響を及ぼした現象を思い浮かべがちである。テクノロジーの評論家がこのような変化を「加速している」と述べるのはすっかり定着したが、その尺度に関しては一致した見方がほとんどない。

しかし、歴史的パターンを観察すると、このような加速が表面化する前に、30〜40年に及ぶこともまれではない長い懐胎期が多く見出される。例えば、南北戦争時に銃の大量生産を可能にしたのは互換性部品生産であるが、これは40年にわたる開発と実験の成果だった。南北戦争後さらに40年を経て、この生産技術が成熟して組み立てライン生産というイノベーションが可能になった。ライト兄弟が初めて空を飛んだのは1903年だが、第一次世界大戦で軍事利用はされたものの、航空技術が輸送手段として商用化され始めたのは1930年代になってからであり、さらに数十年かかってようやく一般の人々が日常的かつ安全に空を飛べるまでに技術が成熟した。しかも、当然のように予想されていた超音速旅客機への進化はほとんど実現せず、テクノロジーは音速以下の自動化、効率化、安全性向上という方向に進化した——劇的な進歩ではあるが、スピードという粗い尺度とは別の軸に沿って進化したのである。

もっと時代を下ると、インターネットの基礎技術は１９６０年代と１９７０年代に始まり、その後１９９０年代半ばに怒涛の勢いで商業の世界に入ってきた。とはいえ、ＩＴ技術を大半の企業が本当に受け入れて自社の事業と業務プロセスを変化させたのはここ10年のことだ。タスクフォースメンバーのエリック・ブリニョルフソンは、少なくともＩＴのような汎用技術に関して、テクノロジーの受容が最初は徐々に進み、その後加速して一般的普及へと躍進する道筋をたどると示唆し、この現象を「Ｊカーブ」と呼んでいる。[*4] このような時間的見通しには、新しいテクノロジーの完成と成熟、統合および経営層への採用のコスト、その後の根本的な変容が反映されている。

おおよその数字ではあるが、技術変化と仕事の未来の関係を評価する際には40年という期間を頭に入れておくと便利である。ＳＦ作家ウィリアム・ギブスンの有名な言葉の通り、「未来はすでに来ている。ただ均等に広まっていないだけである」。ギブスンの考えを当てはめれば、大衆への浸透がゆっくりとしか進まないことと、今の世の中で私たちが目にしていることがぴたりと符合する。やみくもに予測をしても、どうしても先入観が入り込んでろくに当たらない。それより、今の世の中で技術変化が先行している場所を探し、それを基にすれば、広範な普及を推定できる。今日の自動化された倉庫は未来の予兆と言えそうだが、広まるには時間がかかるだろう（また、あらゆる倉庫の典型例とはならないだろう）。同じことは、現在の最も自動化された製造ラインについても、高付加価値部品の先進製造テクノロジーについても言える。自動運転車は開発サイクルに入ってすでに15年経つが、ようやく実用化の初期段階にこぎつけたばかりだ。このような実用化の初期段階に注目すると、大々的な普及の可能性の手がかりが探せる。そこで、タスクフォースは未来についての研究を行うかわりに、今日のテクノロジーと仕事を厳密に実証的に観察し、その知見を踏まえて推定を行った。

仕事に使われるAIとは

今利用されているAIシステムのほとんどは、斬新で驚異的ではあるが、タスクフォースメンバーでAI分野のパイオニアであるMITコンピュータ科学・人工知能研究所（CSAIL）所長のダニエラ・ルスが「特化型AI」と呼ぶ分類の域を出ない。つまり、数の限られた特定の問題だけを解けるシステムである。今のAIは膨大な量のデータを見てパターンを抽出し、未来の行動の指針となる予測を行う。ルス、MITスローン経営大学院教授のトーマス・マローン、MIT集合知研究センターのロバート・ローバッカーは次のように書いている。「特化型AIソリューションは多種多様な特定の問題を解決するためにあり、仕事の世界で効率性と生産性の向上におおいに貢献できる」[*5]。このようなAIシステムには、例えばアメリカのクイズ番組『ジョパディ！』で人間の対戦者に勝利したIBMのワトソンとそれを医療分野向けに応用したシステム、同じく碁の試合で人間の対戦相手を打ち負かしたグーグルのアルファ碁（AlphaGo）がある。これから取り上げる保険業界と医療業界のAIシステムはいずれもこの特化型AIに属するが、機械学習、コンピュータビジョン、自然言語処理など、できることの種類は異なる。今日使われているＡＩシステムには他にも、形式論理を用いて世界を表現し推論する、従来のＡＩに近い「古典的ＡＩ」システムがある。ＡＩは一つではなく、さまざまなＡＩがあって、それぞれに特性が異なり、必ずしも人間の知能を再現しているわけではない。

特化型ＡＩシステムは、主に人間が生成したデータに頼って、既知のタスクで人間の行動を模倣することに長けている。また、特化型ＡＩシステムは人間の偏見も取り込んでしまう。頑健性、つまり移り変わる環境下（データに意図的に入れたノイズなど）で一貫した成果を出す能力や、信頼性、つまり割り当てたタスクが毎回必ず正しく行われるだろうと人間から信頼されるかどうかにもまだ問題がある。「頑健性に欠けるため、多くの深層ニューラルネットは『ほとんどの場合』機能するが、これでは重要な用途に使うわけにはいかない」とマローン、ルス、ローバッカーは書いている。さらに信頼性の足を引っ張るのが説明可能性の問題である。現在の特化型ＡＩシステムは、どのようにして判断に達したのかを人間に示せないからだ。

まったく新しい状況に適応する能力はＡＩとロボットにとってまだ大きな課題であり、これを主な理由として企業は多様なタスクを人間の労働者に頼り続けている。社会的相互作用、とっさの身のこなし、常識、そしてもちろん汎用知能は人間のほうがいまだに優れている。

仕事の観点から見ると、特化型ＡＩシステムはどちらかといえばタスク指向である。つまり、ある職業を成り立たせている活動全体ではなく、限定的なタスクを実行する。とはいえ、すべての職業がある程度は影響を受ける。例えば、Ｘ線写真を読み取ることは放射線医の仕事の重要な一部だが、放射線医が行う数あるタスクの一つにすぎない。この場合、ＡＩのおかげで、医師は他のタスク、例えば身体診察を行ったり患者に合わせた治療計画を立てたりすることに時間を使えるようになる。航空機の操縦においては、人間は昔から手動操縦の補佐として自動操縦装置《オートパイロット》に頼ってきた。ただしこのようなシステムが高度化してフライトの重要なフェーズが自動化されたために、パイロットの手動操縦の技術が低下し、極端な場合には死亡事故につながる可能性がある。ＡＩシステムの使用は民間航空機の操縦にはまだ認められていない。

　人間の脳を人工的に再現した汎用人工知能（ＡＧＩ）という概念は、今でも研究者から深い関心を寄せられているトピックだが、依然として遠い未来の目標であることについては専門家の見方が一致している。ＡＧＩをめぐる現在の争点は仕事に適しているかどうかである。ロボット工学のパイオニアでタスクフォースの研究諮問委員会メンバーを務めるロドニー・ブルックスＭＩＴ名誉教授は、ＡＩの従来の「チューリング・テスト」をアップデートすべきだと主張する[*6]。昔の標準的なチューリング・テストでは、人間が壁の向こうのコンピュータとテキストで会話して、人間と区別がつくかどうかを見た。この目標は単純なチャットボット〔自動会話プログラム〕でとうに達成されたが、チャットボットがＡＧＩであると言う人はまずいない。

　デジタルと物理の世界が混じり合うようになってきたロボット工学の世界では、ＡＧＩに新たな基準を設けるべきだとブルックスは提唱する。すなわち、これまでとは異なる形で周囲と相互作用しなければならない複雑な仕事のタスクを行う能力があるかどうかだ。在宅介護助手の仕事が一例だろう。介護のタスクには体の弱った人への身体介助、行動の見守り、家族や医師とのコミュニケーションが含まれる。ブルックスの考えは、介護の仕事、倉庫作業員の仕事、あるいは別の種類の仕事に体現されているかどうかはさておき、今日のＡＩの課題が記号的なデータ処理もさることながら、手先の器用さ、社会的相互作用、判断力でもあるという認識をよく表している。このような次元に現在のＡＩの能力はまだ届いておらず、そのことは仕事に重大な意味を持つ。ブルックスの考えをさらに進めて、ＡＩの未来が仕事の未来だと言うこともできるかもしれない。

医療業界と保険業界

サービス職におけるＡＩの現状と将来の可能性を探るために、ＭＩＴの研究者たちは保険業界と医療業界を詳細に調査した。そしてわかったのは、企業が生産性の向上を目指して新しいソフトウェアとＡＩ技術を使い、高学歴労働者と低学歴労働者の両方についてワークフローの再設計、タスク配分の見直し、職務設計の改善を試行錯誤していることだった。採用のペースは産業や企業規模によってまちまちであるようだ。保険業界でも医療業界でも自動化は職単位ではなくタスク単位で起きており、実施はまだ初期段階にある。

タスクフォースの事務局長であるエリザベス・レイノルズ博士は研究者チームを指揮し、ある大手保険会社の自動化システム採用の取り組みをつぶさに観察した。[*7] 保険業界には情報技術で先頭を走ってきた長い歴史がある。研究対象となった企業はすでにロボティック・プロセス・オートメーション（ＲＰＡ）を実験していた。ＲＰＡとはコンピュータ上で行われるルールに則った行動を自動化するソフトウェアで、旧来のソフトウェア・システムに上乗せして用いることが多い。同社はRPAが期待される成果を上げなかったと結論づけた。ほとんどの労働者は多様なタスクを行っており、そのすべてを自動化するにはソフトウェアの柔軟性が不十分だったのだ。一見すると同じ仕事をしている人々も、それを行う方法や手順は異なっていた。

そのため、同社はアプローチを見直し、特定の職務を自動化する方法を探った。解決策の中には、チャットボットをインストールして、社内のヘルプデスクやカスタマーサービスセンターに寄せられる最も単純な問い合わせに対応させ、労働者にはもっと有意義な顧客対応ができるよう訓練することなどがあった。

総じて、自動化は今いる労働者の生産性を上げる一方で、仕事をこなすために必要な労働者の数を減らした（ただし自動化によって会社が値下げや製品の品質向上を行えるようになれば、変化の方向性は変わるかもしれない）。同社が見つけたもう一つの課題は、このようなタスクの自動化によって従業員が古い定型業務や旧来の技術に縛られないようにすることだった。そうしなければ将来のイノベーションの取り組みが妨げられかねない。

この企業にとって主要な推進力となっていたのはデジタル化、ITの先進的な応用、クラウドコンピューティングであり、必ずしもAIタイプのアルゴリズムではなかった。「当社の事業はテクノロジーです」と会社の指導層の一人は言った。「ビジネスとテクノロジーは今や不可分なのです」。同社は、ソフトウェア業界が20年にわたって開発してきたアジャイル方式という新しい経営テクニックとアジャイル・ソフトウェアを採用した。アジャイル方式とは（大きなチームが直線的なワークフローに従う手法に対して）密に連携した小さなチームが複数の設計反復を迅速に実行することをいう。その結果、2社のソフトウェアベンダー（IBMとマイクロソフト）に頼り切っていた同社は、数十の小規模なクラウドベースのプラットフォームを利用するようになった。ソフトウェアの開発と利用がこのように変わったことは、同社のビジネスのやり方に大きな影響を与えた。

それとは対照的に、AIアプリケーションはまだ本領を発揮していない。カスタマーサービスに機械学習ベースのチャットボットを配備したり、バックオフィス業務の効率性向上を目指してRPAを利用したりするのは、自動化技術の最も初期の応用である。RPAは基本的に新しいものではないが（最初の開発が始まったのは1990年代以降）、膨大な従来型バックオフィス業務を抱えるさまざまなセクターと企業に幅広く応用できることから、企業のAI戦略の基礎となってきた。「コンサルティング会社は当社のような企業にこうした新しいAIの機能で何十億ドルも節約できると言いましたが、まったくの期待外れでした」と企業の指導層の一人は言った。「当社も使いましたが、劇的な効果はありませんでした」。同社の業務プロセスは現在のAIが活躍できるほどには均質でも、標準化されてもいなかったのだ。

「保険業界におけるAIと機械学習の活用は緒に就いたばかりです」と別の指導者は述べた。「AIと機械学習が業界をどのように激変させるのか、私たちは手探りしている状態で［……］表面をいじりまわしているにすぎません」。しかも、課題は事業と組織の両面にある。鍵は「テクノロジーではなく」、会社が今日のテクノロジーでも解決できるように問題を明確化できるかどうかだ。「何が可能なのかを考え出すには［業界として］成熟が足りないのです」。

企業がＡＩベースのシステムの活用に成功した例を一つ挙げよう。弁護士費用の評価を効率化した例である。この会社は、保険会社としてアメリカ各地の州や法域にある何千もの法律事務所と契約しており、弁護士費用の請求書を監査して請求内容が自社の方針に沿っているかどうかを確認しなければならない。同社は年間10億ドル以上に相当する法務サービスを購入しており、請求書に目を通して内容を確認させるために20名ほどの監査人――大卒の弁護士と金融の専門家を雇っていた。

この問題にＡＩを適用するには、電子請求書のフォーマットを理解しているデータサイエンティスト、アルゴリズムを書くコーダー、そして監査人という三種類の専門家グループを集める必要があった。監査人は当初、ＡＩの導入に抵抗した。請求書の不備を検知するアルゴリズムを修正していくために機械学習モデルを構築するには、学習と調整と開発に何ヵ月もかかった。ＣＥＯにプレゼンを行って支援を取りつけ、試行サイクルを何度か重ねたすえに、機械学習モデルは85％の精度にこぎつけた。監査プロセスの最後にモデルを適用し、その結果から、人間が見落とした不備をアルゴリズムが拾えることに監査人は納得した。まもなくシステムは年間数百万ドルの費用を節減するようになり、監査人はこのタスクから解放されてもっと複雑な仕事に移った。ＡＩシステムが上げた成果は絶大だった。しかしシステム開発の進め方は、関与した専門家の顔ぶれが適切であること、革新的なチームワーク、経営陣の支援、効果が表れる前の事前投資を必要とする、従来のＩＴプロジェクトと大差なかった。

レイノルズと調査チームは、ＡＩベースのソフトウェアシステムを導入した結果、従業員がまるごと解雇されはしなかったが、先に挙げた例と同じく、関連部門の人材採用が減速したことを見出した。解雇も採用減も結局は関連する部門の人員を減らすことになるが、労働者が受ける影響の質は異なる。

この会社はいまだに保険代理店という伝統的な職務に事業を依存している。この職務においては、ＡＩとＲＰＡは概して互いに補完的な役割を果たしてきた。保険も他の小売商品と同様に、今では消費者への直販（オンライン）、ダイレクトレスポンス・センター（オンラインに加え人間による電話対応、または後者のみ）、対面販売という複数チャネルの手法で販売されている。この状況は、次世代の顧客が人間の手を借りずに企業とやりとりすることに慣れれば変わる可能性が高い。

10年前、同社は対面販売する代理店の仕事は消えていき、消費者への直販が増えると予想していた。ところが、後者が増加したにもかかわらず、対面販売する代理店の数は比較的安定していた。顧客は依然として保険を購入する前に人とのやりとりを求めるのだ。セルフサービスの選択肢は顧客の一部にしか使われていないものの、そのおかげで代理店は対面を求める顧客への保険販売にさらに時間を割けるようになり、売上と手数料が増え、今まで以上に顧客に寄り添った保険プランを提案できるようになった。同時に、電子署名のような新しいデジタル技術によって書類の山にサインする必要がなくなり、特定のタスクは効率化しつつある。機械学習アルゴリズムは第三者データの収集、集計、分析を通じて既存顧客や潜在顧客への洞察を提供する。このようなデータによって、ある顧客が次の請求書について問い合わせの電話をしてくる可能性が予測できる。顧客の子供が16歳になったから、自動車免許を取ったばかりの家族のために自動車保険の追加を電話で提案するようにと促してくれる。保険代理店はアプリやタブレットでテクノロジーを使いこなせるようにならなければならなかったが、新たな訓練をする必要はそれほどなく、オンザジョブで習得できた。

別の業界の例として、医療では新しいツールとテクノロジーへの莫大な投資が急速な変化を生んでいる。タスクフォースのジョン・ヴァン・リーネンとMITスローン経営大学院のジョゼフ・ドイルは博士候補生のアリ・ブロンソーラーとともに、電子カルテなどのテクノロジーがこのセクターに与えた影響を綿密に調べた[*8]。

急成長中の在宅医療の領域は事情が異なるものの、医療は低中所得職に従事する労働者にとって有望な業界である。幸い、近い将来はあらゆる医療職が人間の労働者に有利である。医療の雇用はアメリカの雇用の11%を占め、急成長している。人口が高齢化し新しい治療法が続々と登場しているので、この傾向は続きそうだ。また、少なくとも医療機関に直接雇用されている者にとって、医療は適正な賃金と福利厚生のある良質な職を提供するセクターでもある。ただし、在宅医療従事者は賃金が低く、福利厚生がほとんどつかない[*9]。

このセクターは不況に強いとも考えられている。しかし皮肉にも、新型コロナ危機によって医療の雇用は急減した。パンデミック下で人々が緊急性のない医療措置と通院を控えたためだ[*10]。

ブロンソーラー、ドイル、ヴァン・リーネンは、医療における新しいテクノロジーの台頭によって新しい職の増加が鈍る可能性があるが、職の総数を減らす可能性はないだろうと結論づけている。それと同時に、新しいテクノロジーは病院で働く労働者の顔ぶれを明らかに変えつつある。近年、コンピュータ・アプリケーションの使用を専門とする労働者は雇用と賃金の伸びの両面で看護師をしのいでいる（図3・1参照）。

ところが、新しい医療技術とIT投資にもかかわらず、このセクターは意外にも生産性の向上が相対的に少なかった。他産業から得た教訓が示唆するのは、新しい技術のマネジメントが生産性向上をもたらす重要な要素であることだ。[*11] 非常に分権的なことで知られ、臨床現場の労働者が患者に関する判断をきわめて主体的に行うのに慣れた業界にとって、これは特に課題となる。今回の調査でインタビューしたある上級医療技術リーダーは「医療にはテクノロジーが多数使われてはいますが、統合して能力を最大限に活用するような使い方をするのは難しいのです」と認めた。

Ｅｐｉｃのような新しい電子カルテ（ＥＨＲ）技術にはここ数十年で最も大きな医療ＩＴ投資がなされており、２０１０年から３００億ドルが実装に充てられた。ＥＨＲ技術の普及は２００９年の「経済的及び臨床的健全性のための医療情報技術に関する法律」（ＨＩＴＥＣＨ）によって加速した。ＨＩＴＥＣＨ法は医療費負担適正化法（通称オバマケア）の一環で、ＥＨＲの使用促進を狙いとしている。ＥＨＲは患者レベルのデータをベストプラクティスおよび臨床ガイドラインと組み合わせた意思決定支援や、医療の質と効率の長期的な向上につながりうるデータアナリティクスのプラットフォームとして役立つ。しかし、医療の生産性向上に益と可能性をもたらす

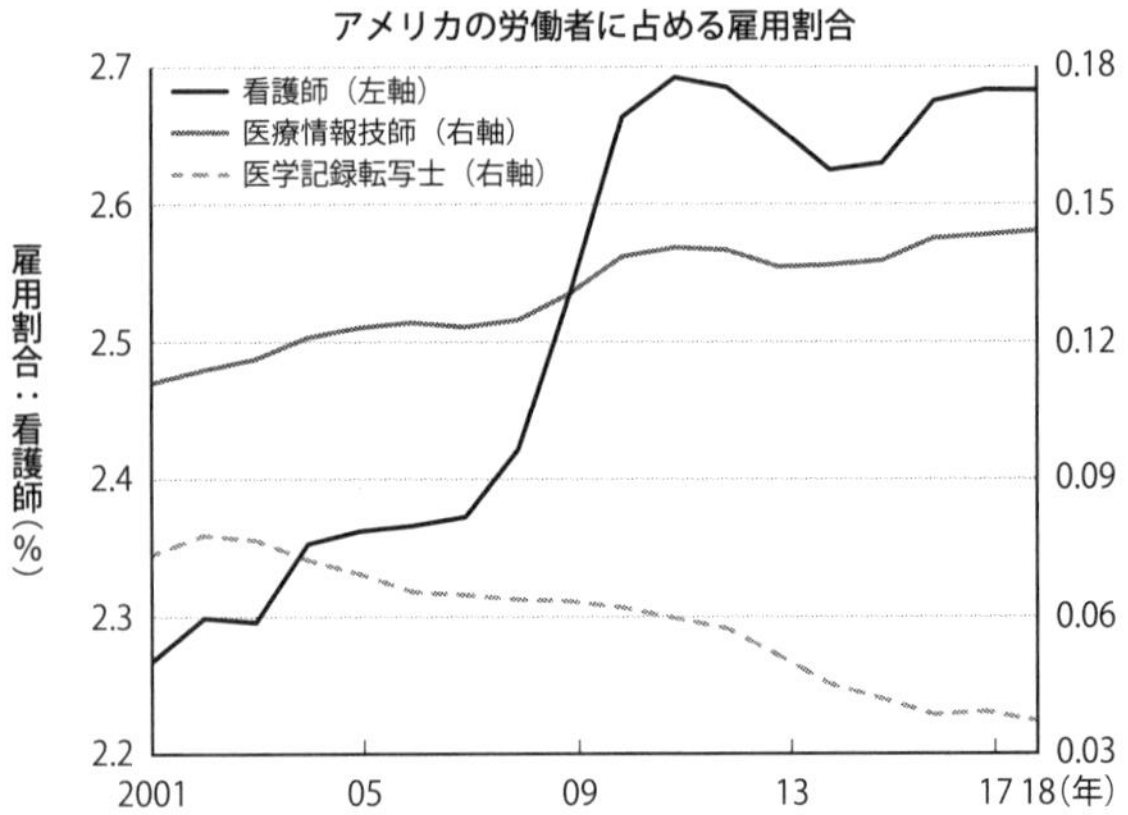

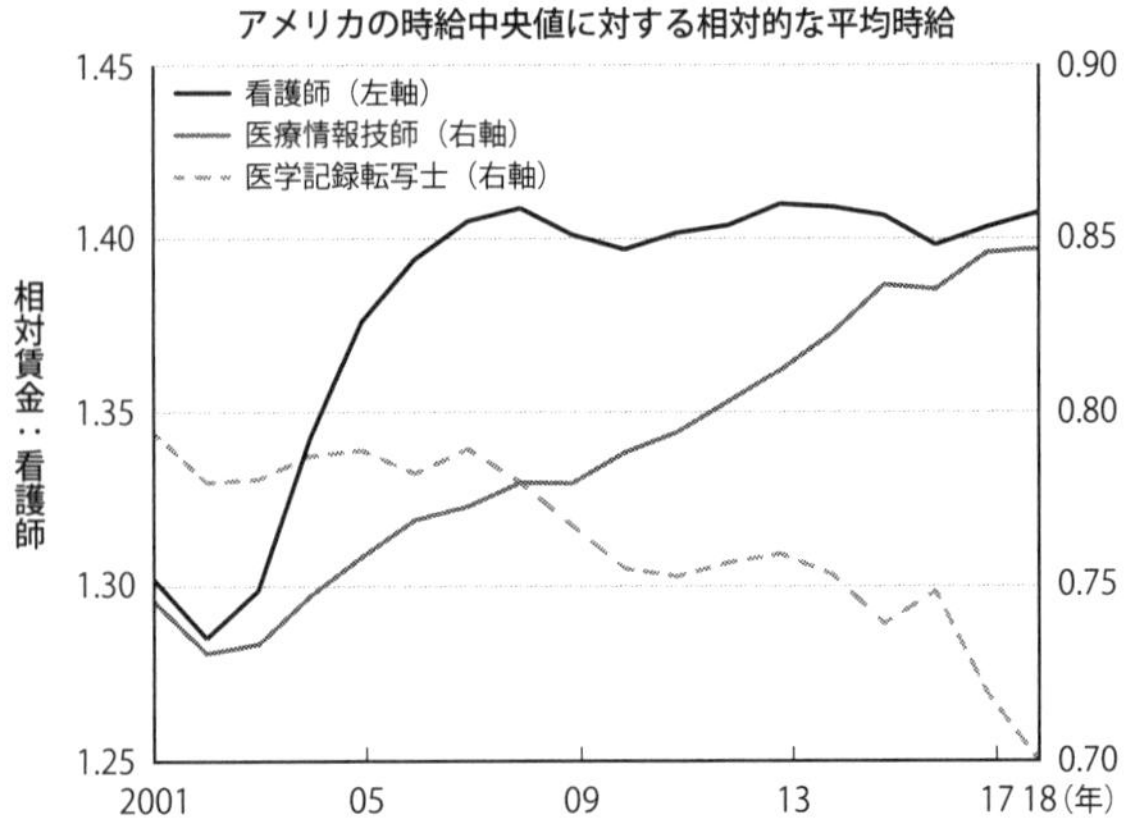

図3.1　看護師、医学記録転写士、医療情報技師の雇用と所得（2001～2018年）

注：上のグラフはアメリカの全労働者に占める看護師、医学記録転写士、医療情報技師の割合を示している。下のグラフはアメリカの時給中央値と比較した看護師、医学記録転写士、医療情報技師の平均時給を示している。数字はアメリカ労働統計局が提供している職業雇用統計のデータに基づいている（https://www.bls.gov/oes/）

テクノロジーでありながら、EHR市場に健全な競争がないなどの制約が依然としてあり、これが普及とイノベーションの足を引っ張りかねない。「Epicは過去の医療に合わせて設計され、過去の医療の上に構築されたものです。デジタルの最前線にある医療には適していません」とある上級医療IT専門家は語った。

他の産業と同じく、医療機関に直接雇用されている人々が使う新しいテクノロジーは、高学歴で高い専門性を持つ労働者の仕事を補佐し、専門性の低い労働者に取って代わる傾向がある。臨床面で、AIと機械学習のテクノロジーは、X線写真を読み取る医用画像処理、臨床文書を読み取る自然言語処理、患者の診断に関する推測や予測を生成するために膨大な量のデータを処理するデータサイエンスの利用を通じて、重大な変化を牽引している。こうしたテクノロジーは臨床に携わる人々に深い洞察を与えるとともに効率化にも資する。例えば、スキャン技術のおかげで、看護師は投薬など患者に関するありとあらゆる情報を手作業で入力するかわりにスキャンでき、安全性と効率が高まる。同様に、ポケベルよりもセキュリティに優れたメッセージング機能などの新しい通信技術によって、看護師は他のチームメンバー（医師、研修医、看護師仲間）にすみやかに連絡を取り、治療プロトコルを話し合って、治療の一貫性と精度と適時性を確保できる。どちらの場合も、テクノロジーはタスクの一部を補う一方で他のタスクを代替している。このような多数の技術変化の中で、看護師の賃金は平均的なアメリカの労働者の賃金に比べ、ここ15年間は比較的変わらなかった（他方で医療IT労働者の賃金は上がっている――図3・1参照）。

新しいテクノロジーは医療に多額のコスト節減をもたらす可能性を秘めている。ランド研究所の有名な調査は、デジタル技術の普及によって15年間で1420億〜3710億ドルの節減が可能と見積もった。[*12] これまでのところ、HITECH法の実際の成果は期待外れである。後日ケラーマンとジョーンズが行ったランドの調査は、予想したコスト節減が実現しなかった理由の一部として、医療提供者間の情報共有がなかったこと、医療コスト削減という目標に反するインセンティブの働く環境で労働者がテクノロジーを受け入れなかったことを見出した。[*13] 新しいテクノロジーのコスト節減効果に関して、医療機関は非臨床業務のほうに力を入れている。すなわち財務、管理、コンプライアンス、費用請求、患者情報、サプライチェーン・マネジメントなどのバックオフィス業務と事務作業だ。ある大手医療機関でのインタビューで、上級技術リーダーたちが自動化によって労働者への依存を減らすという目標を説明した。ある上級幹部は人間が行っている仕事の50〜60％がRPAで代替できると見積もった。しかし課題はここでもやはり、業務プロセスを自動化しやすいようにどう調整するかである。業務のやり方には画一性がほとんどない。「13の部門があれば業務のやり方も13通りあります」と幹部は認めた。「課題は、ある特定のやり方で業務を行うように組織内の文化を変えられるかどうかです」。

ある大手医療機関の事例では、RPAが導入されて、典型的なカルテのスキャンから医療従事者の免許の確認や医薬品のリコール情報の迅速な院内通知まで、複数のタスクを代替するようになった。ただし、自動化が労働者の一対一の置き換えにつながったわけではない、とある上級リーダーは強調した。ほとんどの場合、自動化されたタスクは労働者が行っていたタスクのほんの一部にすぎない。ここ数年、その医療機関が全体として成長してきたこともあり、労働者はたいてい配置転換されるか院内の別の職務に就いた。先に述べたように、職への主な影響は欠員の解消であり（この変化には退職も一役買ってきた）、長期的にはその職の雇用が減少することになる。

しかしすべての変化が痛みを伴わなかったわけではない。医学記録転写士など配置転換できないスキルを持つ従業員は、2000年代初めから相対的な雇用と賃金が右肩下がりに減少し、大きな打撃を受けた。人事部のリーダー層によれば、このような労働者を組織内の新しい職に異動させるのは難しく、EHR導入後に多くが解雇されたという。最近のいくつかの調査は、医療において書類を扱う事務職はすべていずれなくなるが、脱書類化した同じ事務作業にまだ多くの仕事が残るかもしれない、と結論づけている。[*14]

ブロンソーラー、ドイル、ヴァン・リーネンが論じるように、医療ITの導入はコスト増に結びつきやすいが、患者の転帰〔治療結果〕にはプラスの効果があった。コストは減少し、患者への効果は今後も拡大し続けるだろうということをある程度、自信をもって（断定はとてもできないが）予測できる。医療ITの普及のスピードは加速しそうだ。労働者への影響としては、他の業界と同じく、現場でもバックオフィスでも技術的なスキルが求められることが確実に増えていきそうである。

ロボットの進化

ロボット工学がもたらす期待と恐怖を示す例として、自動運転の自動車とトラックにまさるセクターはそうないだろう。自動運転車（Autonomous Vehicles：ＡＶ）とは基本的に、認知、機械学習、判断、操作、ユーザーインターフェースの先端テクノロジーを備えた車輪付きの高速産業ロボットである。文化的・象徴的に人の心に響くものがあることから、ＡＶは新しいテクノロジーを興奮気味に報じるメディアに大々的に取り上げられ、大規模な資本投資に火を点けてきた。そのため「人間が運転しない」可能性のある未来に、自動化の新時代の期待と恐怖が集中した。

コンピュータの制御下で物と人を輸送する能力は、21世紀のテクノロジーの夢だけでなく社会の大変化と大量失業の可能性も体現している。人間が運転しない未来には、事故と死亡者が大幅に減るかもしれない。渋滞に巻き込まれて無駄に費やしていた時間を仕事や余暇に充てられるかもしれない。駐車場が今までほど必要なくなり、皆の安全性と効率が高まって、都市の風景も一変する可能性がある。財とサービスの新しい流通モデルは、情報がインターネット上を難なく移動するように人とモノが物理世界をすいすいと移動する世界を約束している。

たった10年前までは、どんな形であれ自動運転車が路上を走ることなどありえないと一蹴されるのがあたりまえだった。当時は連邦政府の援助を受けた大学のロボット工学と自律走行研究が二世代の間に進化し、軍用ロボット工学の分野で成果を出し始めたところだった。しかし今日では、世界のほぼすべての自動車メーカーと多くのスタートアップ企業が移動を再定義するような事業に関わっている。職の破壊への潜在的な影響力は多大だ。ある推計値によれば、自動車産業だけでも民間セクターの仕事の５％強を占める。その他に、運転手として働く人々、自動車のサービスやメンテナンスを行う周辺産業で働く人々が何百万人もいる。

タスクフォースメンバーのジョン・Ｊ・レナードとデヴィッド・Ａ・ミンデルはいずれもこれらの技術開発に参加したことがあり、大学院生のエリック・Ｌ・ステイトンとともにその潜在的な影響力を調査した。彼らの調査は、移動を自動化する壮大な構想が数年のうちに完全に実現することはないだろうと示唆している。*15 現実の世界の運転環境は変わりやすく複雑なため、想定外の状況への適応力が求められるが、現在のテクノロジーはまだそこまで到達していない。最近起きた、ソフトウェアの欠陥が原因で合わせて３４６名の死者を出したボーイング７３７ＭＡＸの２度の墜落事故〔２０１８年10月と19年3月〕という悲劇とそれにまつわるスキャンダルや、公道で行われた自動運転車の試験プログラムによる事故で、一般社会と規制当局の目が厳しくなり、このようなテクノロジーの普及の速さを警戒する風潮が生まれた。自動運転車のソフトウェアは航空機に搭載されたソフトウェアよりも複雑で、決定論的ではない。自動運転車のソフトウェアの安全性を認証するテクノロジーとテクニックはまだ存在しない。汎用自動運転を実現するために解決しなければならない問題の難しさはＡＧＩのそれに匹敵するという主張さえある。

　取得可能な最も優れたデータの分析が示唆するところによれば、自動運転を中心に移動の形が変わるには10年以上かかり、変化は市街地やキャンパス内の定期往復便など特定の地域に限定したシステム（最近アメリカのＡＶ企業Ｚｏｏｘが製品発表したような）を皮切りに、段階を踏んで進む。トラックによる輸送と配達も早期採用の使用事例《ユースケース》になる可能性が高く、何社かの先端的な開発事業者が、完全な自動運転モードと、拡張型の、人間のドライバーが先導する「コンボイ」システムの両方の用途に力を注いでいる。２０２０年末、この産業が「ロボタクシー」から物流にシフトしていることを物語るかのように、ウーバーは何十億ドルも投資したあげくほとんど成果を出せなかった自社の自動運転車部門を売却した。買収したのはアマゾン傘下のオーロラで、今後はトラック輸送のテクノロジーに注力することになる。技術上の障壁が克服されれば自動化システムはやがてもっと普及するだろうが、運転の仕事が急速に消えていくという昨今の不安には裏付けがない。

自動車であれトラックであれバスであれ、自動運転車はデトロイトの産業的遺産およびシリコンバレーの2000年代的な楽観主義と創造的破壊が、DARPAの意向を受けた無人兵器という軍事構想と合体したものである。トラック運転手、バス運転手、タクシー運転手、自動車整備士、保険査定人は、取って代わられるか補完されると見込まれる労働者のごく一部にすぎない。この変化は完全電動化テクノロジーへの移行とともに訪れ、それによって一部の仕事は消え去り、別の仕事が生まれるだろう。*16 例えば電気自動車に必要な部品は従来の自動車より少ないため、電気自動車に移行すれば内燃機関、変速装置、燃料噴射装置、公害防止システムなどを供給する仕事は減るだろう。この変化は、大型バッテリー生産のような新しい需要も生むだろう（つまり、電力を大量に消費するAVのセンサーとコンピューティングは、電気自動車によるエネルギー効率向上の少なくとも一部を相殺するだろう）。コネクテッドカー（インターネットに常時接続され情報通信機器として機能する自動車）などのさまざまなイノベーション、新しい移動ビジネスモデル、都市交通のイノベーションが融合して人とモノの移動方法を変えるに従い、移動のエコシステムは進化していく。AVはその一部として台頭するかもしれない。

自動運転の輸送業への影響

ＡＶにまつわるナラティブは、人間の運転手がＡＩベースのソフトウェアシステムに取って代わられる未来を暗示している。そのナラティブによれば、システムは博士号を持つ一握りのコンピュータ科学者によって研究所で作られるという。しかしこれは現在進行中の技術変化の読み方としてあまりにも単純であることを、デトロイトで調査を行ったＭＩＴの研究者たちは明らかにした。ＡＶを開発している組織に、従来の自動車産業に比べて大学院卒の労働者の割合が高くなりがちなのは事実である。それでも、ＡＶシステムの実装にはセーフティドライバー（ＡＶに乗っていざという時は操作するドライバー）による監視から遠隔管理と運行、路上でのカスタマーサービスとメンテナンスに至るまで、あらゆるレベルの対応が必要になる。

例として、大手ＡＶ開発会社の「現場監督」の現在の職務記述書を見てみよう。仕事内容はセーフティドライバーのチームを監督することで、特に重点が置かれているのは顧客満足と、機械トラブルや車両に関する問題のフィードバック報告である。中程度の給与と福利厚生が支給され、短大・四大卒の資格は不要だが、1年以上のリーダー経験とコミュニケーションスキルが求められる。また、ＡＶシステムは高度な機械学習とコンピュータビジョンのアルゴリズムを備えてはいるものの、車両とインフラ環境の両方で各種センサーの定期的な校正と清掃を行う技師も必要とする。ＡＶシステムをメンテナンスするフィールド自律走行技師の職務記述書では、中程度の給与が支給され、四大卒の資格は不要で、一般的には自動車修理と電子工学の予備知識のみが求められている。修理部品の在庫管理と予算策定や現場で手を動かす仕事など、職務の遂行に必要な業務はいくつかあるが、エンジニアリングは含まれていない。

ＡＶシステムが普及すれば、このような仕事や、安全性と信頼性を確保するための専門職が数多く生まれるだろう。それと同時に、ＡＶが普及した未来には、従来の運転手の職を失った労働者が転身して職を確保できるようにするための明確な戦略が必要になるだろう。

ＡＶの急速な台頭は労働者にとって大きな打撃となろう。なぜならアメリカには商用車の運転手が３００万人以上いるからだ。このような運転手には学歴が高卒以下の人か、言葉の壁のある移民が多い。レナード、ミンデル、ステイトンは、普及までに時間がかかると予想されれば、普及するまでに今いる運転手が退職し、若い労働者は訓練を受けて隊列走行車の監視など新しくできた職に就くことができるので、労働者への影響は緩やかだろうと結論づけている。[*17] ＡＶについても、現実的な普及の時間的見通しには、テクノロジーと普及と政策の方向づけをする余地がある。タスクフォース研究諮問委員会メンバーのスーザン・ヘルパーらによる２０１８年の報告書は、可能性の高いシナリオを幅広く検討し、ＡＶが雇用に与える影響は普及のスピードに比例することを見出した。トラックの隊列が現時点でいきなり自動化すれば、当然ながら百万人単位の失業者が出るが、普及の時間的見通しが30年であれば、退職と世代交代によって影響を吸収できるだろう。[*18]

一方、自動車メーカーとトラックメーカーはすでに、運転手に代替するのではなく運転手の能力を増大させる車両を製造している。そのような製品には、現在販売されている自動車によく見かける高性能クルーズコントロールシステム〔自動で一定の速度を保つ機能〕や警報システムなどがある。ある程度は、運転手に代替するタイプの自動運転車が、能力増大タイプのコンピュータに支援された人間の運転手と競合するだろう。航空業界ではこの競合が数十年続いた後、無人航空機がニッチ市場を見出す一方で、人間が操縦する航空機は自動化によって性能が大きく向上した。実際に登場したアメリカ空軍の「プレデター」や「リーパー」のような無人機は、操作に従来の航空機以上の人員を必要とするとともに、24時間無休監視などまったく新しい能力を実現した。*19

私たちは現在わかっていることに基づき、運転手が不要なシステムへの移行はゆっくりで、導入が比較的容易な使用事例の一つであるトラック輸送でさえ、2030年までに限定的に利用される程度と推定している。乗用車など他の形での全面的な移行がこれより早いことはなさそうだ。AVが走る未来がいざ実現したときにも、仕事はなくならない。テクノロジーを追い風に、新しいビジネスモデル、もしかするとまったく新しい産業セクターが誕生するだろう。AVシステムのエンジニアリングや車両情報技術という専門的な技術分野に新たな役割と専門職が現れるだろう。完全な自動走行が実現するまでの自動化の諸段階には、自動運転監視やセーフティドライバーの役割が欠かせないだろう。遠隔管理や運行管理の役割が生まれれば、運転手だった人々は働く場を制御室に移し、自動運転車とやりとりする新たなスキルを求められるだろう。新しいカスタマーサービス、フィールドサポート〔顧客の元で利用を支援すること〕、メンテナンスの役割も登場するだろう。おそらく最も重要なのは、テクノロジーの創造的な活用によって、今は想像の及ばない新しいビジネスやサービスが実現するだろうということだ。１９２０年代に乗用車が馬による移動に取って代わり、その周辺にあった無数の職業が消えたときには、道路沿いのモーテルとファストフード産業が誕生して「車に乗るようになった大衆」にサービスを提供した。移動の変化は、例えば流通と消費にどのような変化を生み、影響を与えるだろうか。

　同じくらい重要なのは、新しいテクノロジーが人々の通勤の足に与える影響である。他の新テクノロジーもそうだが、高価な新しい自動運転車を既存の移動のエコシステムに導入することは、労働者を支える制度も一緒に進化しなければ、今存在するアクセスと機会の不平等を固定化するだけだろう。デトロイト地区の仕事と不平等と交通機関に関する包括的な調査を行ったタスクフォースの研究者は、初期の組み立てラインでT型フォードとA型フォードを製造していたほとんどの労働者が、デトロイトの当時としては高度に発達していた交通システムを使い、路面電車で通勤していたことを指摘した。[*20]以降１００年間にわたり、デトロイトでは特にだが、アメリカ全土の都市で、公共交通機関は多くの労働者にとって欠かせないサービスだった反面、制度的な人種差別、都市から職の豊富な郊外への脱出、不平等を促進する手段ともなってきた。高速道路建設を支持する世論と政治判断は公共交通機関を軽視し衰退させる傾向があり、そこには人種的な背景もあった。結果として、黒人をはじめとする人種的マイノリティは個人の移動手段を利用できなくなりやすい。

　「テクノロジーだけでは（労働者が抱える）移動の制約を解決できず、制度が変わらない限り既存の不平等を固定化するだろう」と調査は結論づけている。他のテクノロジーと同様、古い交通機関システムに新しいテクノロジーを配備すれば、「新しいものに注目を集め、有益で実用的で必要とされているものから関心をそらす」ことによって不平等を深刻化してしまうだろう。制度のイノベーションは機械のイノベーションと同じくらい重要である。ここ数十年はさまざまな社会実験が奨励されてきたが、このような実験を広範囲の利用に拡張し、サービス対象となる地域社会への説明責任を果たすためにいっそうの努力が必要だ。「交通機関は政治的な可能性を試すまたとない場となる[*21]」。

eコマースという革新

テクノロジーが最大の影響力を持ち、最も仕事を創出するのは、これまで人がしてきたタスクを自動化するよりも、新しいビジネスモデルを可能にして産業を変容させるときであることが多い。インターネットによって消費者や企業がまったく新しい方法で買い物や発注ができるようになったeコマースの登場は、そのような変容の典型である。特にモノの移動と流通（「物流」）に与えた影響が大きかった。

eコマースは小売の自動化の一種と見ることができ、小売セクターの雇用に相応の影響を与えている。かつて客は店舗を訪れて商品を選び、購入し、自宅に持ち帰らなければならなかったが、今の消費者はウェブページを使って半自動化されたサプライチェーンに直接注文を入力でき、配達は人と機械によって行われる。

40年の普及サイクルの中で、テクノロジーが物流と倉庫業に与える最大の影響はおそらくまだ進行中である。ITとネットワーキングは今もなおシステムを変化させている。

移動と同じく、流通に関するニュース報道を見聞きしていると、仕事が今すぐにも枯渇するのかと思わされるかもしれない。実際、「倉庫の自動化」でグーグル検索すると7300万件もヒットし、その多くは新しいシステムの宣伝であり、倉庫業界が急速に変わりつつあることがうかがえる。この業界が新しいテクノロジーと投資に沸いていることは間違いない。[*22]しかし、タスクフォースメンバーのフランク・レヴィはウェルズリー大学の学生アーシャ・メータとともに調査し、普及が漸進的なプロセスで進んでいることを見出した。レヴィらは自動化技術の供給企業、流通センターの責任者、既存企業とスタートアップ企業のトップに質問した。[*23]最近公開されたある調査では、回答者の3分の1が無人搬送車を利用していると答えたが、自動梱包機、協働ロボット、自動ピッキングを利用していると答えたのは5分の1未満だった。[*24]

他の産業に比べ、物流は地理的に分散しており、地方に多い。私たちは物流を三つの産業、すなわち倉庫・保管、貨物輸送、貨物輸送手配（仲介業者およびサードパーティー・ロジスティクス〔3PL〕業者）の総合体と定義している。物流は300万人余り（新型コロナ禍前で）を雇用しており、これはアメリカ経済の約2％に当たる（製造のおよそ4分の1の規模）。

eコマースは物流に二つの根本的な変化を引き起こした。第一に、この産業は地域の販売小売店に商品を大量に配送するためにできたという歴史的経緯がある。eコマースは配送の大部分の目的地を倉庫や流通センターから個人の住宅に変えた。第二に、eコマースによって、今の物流センターが扱わなければならない注文の規模は1個単位へと大幅に縮小した。倉庫産業は従来は商品の大量移動を扱うようにできている。ずらりと並んだ扉の前にトラックが列を作って製品を積み下ろし、製品は再梱包されてまた大量に店舗、レストラン、あるいはさらに処理されるため別の倉庫に発送されていた。しかしeコマースでは、倉庫が1点ないし少量の品目を多数扱うことも多い。例えば、カリフォルニア州の顧客が注文した玩具1個とか、コネティカット州の診療所が注文した手指消毒液数本といった具合だ。

物流の雇用をeコマースによる雇用増と自動化による雇用減の綱引きとして考えるなら、現時点では間違いなく雇用増側の勝ちである、とメータとレヴィは主張する。[*25] 2000年以降、トラック輸送業界では13万人分の雇用が増えた（175万人になった）。同じ期間に倉庫・保管業界は110万人へと雇用が倍以上増えた（その約30％が低賃金の肉体労働職）。これらの雇用増は都市部より地方で起きた。

これだけ雇用が増加したにもかかわらず、一部の指標で見ると生産性は改善していない。業界統計によると2000〜2014年に生産性は20％以上伸びたが、それ以降は低下し、2019年には2000年を下回った。この逆転の理由として考えられるのは、eコマースの時代に入って物流の課題が増えたことである。[*26] 今日、流通センターとフルフィルメントセンター（商品の受注から発送までの業務を行うセンター）は小さな宝飾品からペットフードの50ポンド（約23キログラム）入り袋や大型のスポーツ用品に至る製品を積み下ろし、開梱し、保管し、正確に棚から選び取り（「ピッキング」）、梱包するという問題に取り組まなければならない。

倉庫の自動化の採用は緩やかに進んだ。この業界の産出高が２０１４年から２０１９年にかけて急増したのは、自動化の進んでいない施設で人間の労働者を増やしたおかげである。倉庫業務の多く——特に個別アイテムのピッキングと梱包（「個別ピッキング」）——はいまだに人間が行っている。商品を積んだパレットに巻かれたラップを外すという簡単な作業も、今の商用ロボットにはまだできない。

「倉庫業において、次々とやってくる多種多様なアイテムを識別し、つかんでさばくことができるロボットアームはまだ黎明期にある」とメータとレヴィは書いている。自動把持システムに多大な労力と投資が注ぎ込まれているが、ピッキングと梱包に関わる多数の雇用を脅かすテクノロジーの開発には3～5年かかるだろうと推定されている。[*27] ただしこの時間枠には一般に普及するまでにかかる長い時間が入っていない。古い倉庫やフルフィルメントセンターを改造して最新のテクノロジーを装備するのは、今までのやり方を根本から覆すリスクの高い投資である（私たちが話をした業界リーダーの中には、自動ピッキング導入の時間的見通しはさらに伸びると見ている人々もいた）。現時点で、驚異的な柔軟性といった人間の手先の器用さにロボットシステムの能力は及んでいない。

他業界と同じく、労働者と効率性に大きな影響を及ぼすのは、誕生して数十年経ち用途が成熟しつつあるＩＴである。トラック輸送の効率性向上は「手配」セクターで起きた。このセクターでは、仲介、荷積み、スケジューリングなどのプロセスがデジタルツールによって改善した。「重要なテクノロジーは、必ずしも最新のテクノロジーであるとは限らない」とメータとレヴィは書いている。

30年前、トラック輸送仲介業の従業員はローロデックス（回転式卓上名刺ファイル）と人間関係とファックスを使って企業とトラック運転手をつないでいた。仲介のプロセスは、まず企業が仲介企業に電話して報酬（交渉次第）など輸送の仕事の詳細を伝えるところから始まった。仲介業において重要なのは仲介業者が持っている名刺の数だった。人脈が豊富であれば、仲介業者はトラック運転手に連続的に輸送の仕事を紹介し、荷台が空の状態で走る時間を少なくできた。

サードパーティー・ロジスティクス企業（3PL）の事業内容も同じだが、加えてもう一つ重要な業務があった。トラック運転手が複数の企業から貨物を預かり複数の目的地に配送するための効率的なルートを計画することだ。1980年代末までに、3PLはルート計画を試行錯誤するのにコンピュータ上のスプレッドシート（Lotus 1-2-3など）を活用していた。

仲介業者と3PLは情報を扱うので、従業員にできる仕事の内容と手段はデジタルツールの進化によって激増した。従来型の仲介業者の業務が企業からの輸送依頼の電話から始まることはなくなった。今では多くの企業が大規模なデジタル求人掲示板に仕事を直接掲載している。仲介業者は一つないし複数の掲示板に目を通し、運転手を紹介できそうな仕事を探す。一度に多くの仕事を閲覧できれば、空荷で走る時間を極力少なくした走行計画を作成できる可能性が高まる。

デジタル求人掲示板のセルフサービス的側面を拡大し、トラック運転手に独自のスマホアプリ経由で自社の求人掲示板に直接アクセスさせているスタートアップ企業もある。機械学習を使って運転手の希望に合った仕事を識別し、そのような仕事が掲載されたときに通知できるアプリもある。問題が発生したとき——例えば予定していた貨物の準備が集荷に間に合わないなど——に対応するため人間はまだ必要だが、航空券の直接購入によって旅行代理店の業務が自動化したように、彼らスタートアップは仲介業を自動化しようとしている。

同時に、デジタル化によって仲介業者と3PLは以前なら地位の低い従業員が行っていた定型性の高いタスクを自動化できる。3PLが企業と安定した関係を築いている場合、セルフサービスの発注ポータルを提供して、企業が仕事の詳細——コンテナの種類と形状、集荷場所と配達場所の正確な位置、危険物の有無など——を入力できるようにしているケースもある。以前はこのような情報が人間相手のやりとりで集められていた。かつてはウェブから手作業で回収されていた出荷書類（署名入り配達証明書など）が今ではウェブから自動的に取得できるようになっている。

その結果、特に3PLでは従業員の構成が時給で働く人員からソフトウェア設計、データ解析、その他関連分野の素養があり給与制で働く人員に変わった。同様に、大半の倉庫を変えつつあるテクノロジーはロボットなどではまったくなく、「倉庫管理システム」と呼ばれることの多いITである。これは積み込み・積み下ろしの場所を記録して製品を追跡するソフトウェアシステムで、サプライチェーンを追跡する他のシステムとつながっている。

ロボットシステムを使っている倉庫はずっと少ない。2019年にモダン・マテリアルズ・ハンドリング・インスティテュートが実施した調査は、回答者の80%が倉庫管理システムを、86%がバーコードスキャナーを利用しているものの、無線周波数識別（RFID）タグという成熟した技術でさえ利用しているのは26%にすぎないことを確認した。自動商品移動に関しては、63%

がコンベアと仕分けシステムを利用していたが、自動倉庫システムを利用しているのはわずか22%、自律走行搬送ロボットを利用しているのは15%だった。ロボットと自動化は、特にITイノベーションと結びついた場合、急速に進化して新たな形態を取る。自動倉庫システム（ASRS）は自動倉庫のソフトウェア管理システムに似ているが、まだ高価であり、処理量の多い大規模な用途にのみ適している。無作為にアイテムが収められた棚を自動走行ロボットの集団が人間のピッカーのもとに運ぶアマゾンのKiva（キヴァ）ロボットシステムは、一種の分散型ASRSである。デジタルピッキングシステムでは、コンピュータ制御されたランプが光って人間のピッカーを誘導しアイテムを選別させる。ロボット台車（最近ショッピファイが買収した6リバー・システムズが作っているような）は人間のピッカーに伴走して通路を移動し、注文品をすばやくピッキングするのを助ける。さまざまな形態の自動のフォークリフトや牽引台車はニッチな用途を見出しており、頑健性と柔軟性を確実に高めていくだろう。

「本当に欲しいのは、フロア上のすべての人とロボットを常に追跡してそれぞれに次にやるべきことを教えるソフトウェアです」、ある現場責任者はメータとレヴィにそう語った。そのようなシステムは今もある。しかし複雑で、開発と配備がきわめて困難だ。需要に追いつくだけで精一杯の変化の激しい業界ではなおさらである。また、監視をめぐる懸念も出てくる。フルフィルメントセンターないし流通センター全体、あるいはサプライチェーン全体が、人とロボットとインフラが協調するロボットシステムになり、ソフトウェアで瞬時にその構成を変えられる世界に向かう進化を私たちは想像できる。そのようなシステムを、ソフトウェアに指示されて動くだけの自動人形のように労働者を扱うのでなく、人間の自律性と柔軟性を尊重するように開発するにはどうすればよいだろうか。

製造業と同じく、高度な自動化は大企業で最も実現しやすい。最大手の倉庫会社は先進的な自動化を実施するリスクと費用を負担できるだけのリソースがあるので、コスト面で大幅に有利になる可能性がある。小さな会社は自動化投資を徐々に行うことが多い。ロボットのリースはビジネスモデルとして一定の成功を収めている。それは急速に変わる業界で、小さな会社が資本的支出をせずにロボットを使えるようにするからだ。

倉庫以外の分野では、物流業界は前述した自動運転車の先進的機能の恩恵を受けられそうである。AVの他の活用領域と同じく、その道のりは遠く方向はさだかではない。長距離トラック輸送でのAVの可能性についてはすでに述べた。しかし、仮に無人トラックの問題点が現時点で完全に解決されていたとしても、変化の過渡期は10年余り続くだろう。典型的なクラス8のトラック（3万3000ポンド〔約15トン〕以上）が廃車になるまでの寿命は平均14年である（もし十分に優れたテクノロジーが登場すればもっと早まるかもしれないが）。人間の運転手1人が数台の無人車両を先導する自動隊列走行は実現がもっと早そうだが、労働者への影響は緩やかだ。他のタイプのロボットと同様、自動運転トラックはJBハントのような大手で資本力のある輸送会社と、UPSやウォルマートのように配送車両を運行する企業で活用される可能性が高い。

eコマースのトラック輸送で増えている雇用は、ローカル配達のラスト数マイルを担うものが大半だった。テクノロジー系の出版物には、都会の路上を行き来する小型配達ロボットや、辺鄙な地域に切望された医薬品を運ぶ配達ドローンのイメージがあふれている。こうした可能性は実に魅力的で、テクノロジーへの期待は高い（新型コロナ禍の時代にはなおさらかもしれない）。このような配達ロボットのデモンストレーションは今のところ、バックアップ用の無線制御付きで人間のオペレーターによって監視されていることが多い。オペレーターは、自動運転の自動車やトラックのセーフティドライバーのように、将来いつかの時点でいなくなるか、ロボットの大隊列を管理するようになると見込まれている。しかし、歩道の縁石やペットや非協力的な（つまり普通の）歩行者をよけるか迂回して運転しなければならないなど、走行環境が複雑であることから、状況が明確にわかっている制限されたエリアの外で自動運行を実現するのは当分は難しいだろう。

　メータとレヴィは、完全自動運転トラックによるトラック運転手の大量失業は、少なくとも10年間はなさそうだと結論づけている。それまでは、倉庫の主力は低賃金職になりそうだ。ただし一部はピッキングと梱包の自動化が進んだことによりリスクにさらされている。自動化とロボットは技師、ソフトウェア開発者、データサイエンティストなど専門職に雇用を創出するだろうが、倉庫業のピッキングや梱包とトラック輸送業の運転手の職はそれ以上に大量に失われる可能性が高い。「貨物輸送手配（仲介業と3PL）の職業構造はすでに技能職に有利であり、定型的な事務タスクの自動化が進んでそのバランスはさらに偏るだろう」とメータとレヴィは指摘する。他の業界と同じく、新しいテクノロジーの開発は大企業および中・高技能労働者に有利だろう。

製造業の未来──第四次産業革命

製造業の先端技術の現状はＡＶと同様で、有望なテクノロジーは豊富にあるが、それらを頑健で信頼性の高いものにするという肝心の作業には無数の課題がある。

タスクフォースの調査の一環として、ＭＩＴのロボット工学教授ジュュリー・シャーは教え子たちとともに、ドイツにおける産業ロボットの配備について調査した。ドイツはヨーロッパ全土で進む「インダストリー４・０」の取り組みの一翼を担う。２０１１年にドイツの戦略イニシアチブとして始まったインダストリー４・０は、「第四次産業革命」を標榜している。

その目標は工場の機械と工程を一体化し、先進的なデジタルツールで監視と制御が行えるようにすることである。シャーのチームは、研究者が開発して産業に導入されたテクノロジーがどれか、開発者が抱える問題は何か、企業が重要と考える未来の道筋はどのようなものか、ロボットが産業に普及するうえで残された研究上の課題は何かを評価した。テクノロジーの潜在的可能性が研究所の中では示されていても、現在の製造現場での実際の活用とは大きなギャップがあることがわかった。[*28]

シャーとチームは自動化に対する「トップダウン」アプローチ（タスクをテクノロジーに合わせる）と「ボトムアップ」アプローチ（労働者が行うタスクを前提にテクノロジーのほうを合わせる）に着目した。一般的に、ボトムアップアプローチのほうが成功しやすいようである。なぜなら人間や要改善のタスクとソリューションの距離が近いからだ。ある企業は工場にロボット体験センターを設置し、そこでエンジニアがライン工と緊密に協力し、新しいアイデアを出し、ソリューションを試作し、生産ラインに変更を加えることができた。企業は「ロボットではなくタスクをプログラミングする」こと、つまり大きな仕事を解決し、生産性を上げ「難題」に対処するためのロボット配備の主導権を労働者に握らせることを好んだ。タスクフォースの別の調査も示しているように、今日の自動化を成功させるには労働者の声が重要な要素である。

ロボットを製造ラインに組み込むにはまだ課題が残っている。産業ロボットがさまざまな用途で大々的に活躍するようになって数十年経つが、ほとんどは周囲の人間にとってまだ危険な存在だ。安全システムのイノベーションによって、ロボットシステムはもっと人間の近くで働けるようになる。協働ロボットアームはこの問題に対する一つのアプローチである。協働ロボットアームには、従来のロボットよりも重量の軽いものを運ぶ、走行スピードが遅いなどの特徴があり、安全柵を設けなくても稼働させることができる。またコストも安いので、試用と配備の障壁も低い。ただし協働ロボットは安全を確保するために、安全柵で囲ったロボットよりもスピードが遅くて力が弱いので、産出量と能力範囲は小さい。

ITと運用技術（OT）を組み合わせて膨大な量のリアルタイムデータを生成するように生産システムを見直そうとすると、技術的な課題だけでなく認知的、社会的、組織的な課題も出てくる。

しかし、ロボットのコストが下がりつつあっても、ロボットを既存の製造ラインに統合する人間の労働者のコストは高止まりしている。インターフェースを改善しプログラミングを簡略化して移行を容易にする努力がなされているが、基準がないことと統合に求められる人間のスキル水準が高いことがいまだに壁になっている。実のところ、産業版「モノのインターネット」（IoT）――低コストのユビキタスセンサー・ネットワーク――の普及がなかなか進まなかったのは、データとセキュリティに懸念があり価値が不明確だったのが主な理由である。デジタルツイン（現実世界の物体を再現するコンピュータ上のモデル）、高度なシミュレーション、拡張現実および仮想現実システムはすべて、未来の自動化における有望技術であるのは変わりないが、一般に普及するためには同様の課題を克服しなければならない。

技術上のボトルネック、すなわちビジョン、知覚、センシング、頑健性と信頼性の問題も残っている。例えば「ディープラーニングを基にしたアプローチは、産業環境において期待通りの成果を出さなかった[*29]」。このような技術には膨大な量のデータが必要だが、工場では入手するのが難しい。また、このような技術は弾力性がなくて新しい状況に適応しづらく、元のデータソースや環境の変化に左右されやすい。

無人搬送車（AGV）は（前述した倉庫業と同様に）マテリアルズ・ハンドリング業界（製造や物流の現場でモノの移動と運搬を扱う業界）に影響を与えた。移動ロボットであるAGVは生産環境の周辺で小さな荷物から大型車両まで何でも運搬する。将来の構想は、生産ラインが固定されず、自律的に稼働するさまざまなワークステーション――AGVとロボットアームでできている――の間を、AGVに載せられた製品が移動していくというものである。しかしこの構想はまだ実現していない。実現を阻む要因の中でも特に大きいのは、生産の現場で求められるミリ単位の精度でＡＧＶが走行できないことだ。

　インターフェースの向上によってプログラミングが簡単になり、おかげでロボットシステムの用途が生産ラインに近づき、柔軟性が増してコストは下がった。とはいえロボットシステムのプログラミングはまだ難易度が高くコストがかかるため、ロボットシステムはＡＩが制御する統合されたデジタル環境の一部ではなく、おおむね工場の現場に点在する技術の孤島にとどまっていることをシャーのチームは明らかにした。調査チームはこれらのテクノロジーが――深く根付いたドイツにおいてさえ――「産業界にまだ浸透していない」と結論づけた。

　また、他のタスクフォースの調査で特定されたボトルネックはシャーの調査でも見つかった。それはロボットの手先の器用さが不十分なことである。ついこの間まで、ロボットは二本指のロボットハンドか、物体をつまめるが柔らかかったり質感にムラがあったりする物質を壊すリスクのある専用ツールという従来の形を取っていた。最近では、特定の目的のために設計されマシンビジョンの指示で動く自動グリッパーが、例えばベーカリーの自動生産ラインでグレーズドドーナツをつやつやしたコーティングにヒビを入れずに持ち上げるなど、驚くほど繊細で精密な作業をこなせるようになった。ただしこのようなグリッパーはドーナツにしか使えない。アスパラガスの束や自動車のタイヤを持ち上げることはできないのだ。

　今日の把持システムは急速に進化し、ロボットハンドがつかめる製品や部品の種類は広がりつつある。残る研究上の課題は、どんな製品でもどの向きにもつかめる汎用グリッパーである。ディープラーニングなどのＡＩ技術はこの分野に貢献してきた（そのため物流業界に影響を及ぼしている）。しかし、投資を受け確信をもった予想がされているにもかかわらず、ほとんどのＡＩ技術は製造現場に用いるにはまだ柔軟性に欠け、複雑すぎ、スピードが足りない。全般的なロボットの器用さの問題も、運転と同様に、ＡＧＩが求められている一例かもしれない。製造と流通の大手プレイヤーは、この問題が解決するには10年以上かかると考えている、と私たちに話してくれた。

これらの発見は、タスクフォース研究諮問委員会メンバーのスーザン・ヘルパー率いるＭＩＴの研究者チームが出した結論とほぼ重なる。ヘルパーらは、アメリカに拠点を置く多くの大企業、主に自動車メーカーとその一次《ティアワン》（主要な）サプライヤーにインタビューした。[*30] 自動車業界に注目したのは、アメリカ（および世界）の全ロボットの約40％がこの業界で使われているからである。[*31] このセクターの企業はもっとデータ集約型で分析型の製造業を目指しているが、情報が企業内でも企業とサプライヤー間でも組織内で囲い込まれており、共有されていないことが多い。大量生産方式やリーン生産方式というこれまでのパラダイムとは異なり、インダストリー４・０はまだ実験と試用の段階にとどまり、「生産性の大きな向上を示す、一貫性があって反復可能な組織内の慣行や形になった仕組み」がまだできあがっていない。[*32] 調査チームの観察では、インダストリー４・０のテクノロジーは「生産システムの抜本的な見直しというよりは既存の慣行への追加」が主であり、生産システムの「難題」の特定を出発点にしてそこから構築されることが多いようだ。

それでも、大きな変化は起きつつある。従来型の自動車の製造であれ、電気自動車ないし自動運転車の機能を取り入れた自動車の製造であれ、あるいは新しい部品のAM〔付加製造〕技術の利用であれ、企業は柔軟に適合するテクノロジーと生産システムを実験している。概して、デジタル化の取り組みは製造サイクル全体——上流の設計段階から製造現場まで——の効率性向上と、サイクルの要所ごとに生じる無駄の削減を目指している。自動車市場は先行き不透明なため、企業は柔軟性を重視している。ドイツを調査したシャーの発見と同じく、ヘルパーのチームは企業の生産プロセスにおいて労働者がまだ主力であることを見出した。ただし、テクノロジーの使い方は企業ごとに異なる。テクノロジーの使い方こそが、どのテクノロジーが労働者のスキルを代替するのか、あるいは補完するのか、どのテクノロジーが組織内に軋轢を生む可能性があるかに影響する。ある事例では、企業のデータサイエンティストが冷却ファンの交換時期を判断するアルゴリズムを開発した。技師は、裁量を手放してアルゴリズムに従うよう求める手順に抵抗した。ところが、ファンのメンテナンス時期をデータが95％の精度で予測すると、技師は自分たちが「火消し」に追われなくて済むと理解してテクノロジーを受け入れた。別の事例では、企業が製造現場の労働者の問題解決業務を増やしたり、その内容を深化させたりしていた。ある企業はマシンビジョンシステムを導入し、それにより当初は不具合の報告件数が激増した。労働者は統計的工程管理の経験を持ち訓練を受けていたため、不具合の多くが誤検出であることをいちはやく指摘できた。彼らはエンジニアと協力し、結果を改善するためにビジョンシステムをどこに置き直せばよいかを決定した。

年齢が高く経験豊かな労働者のドメイン知識〔専門分野に特化した知識〕と、社歴の浅い若い労働者のテクノロジーの知識を掛け合わせるのが、理想の人員構成だと多くの企業が語った。こうした企業はその目標に向けてチームを組織し訓練を行っている。労働者のスキル向上に多大なリソースを投入し、年齢の高い労働者には最新の情報を、若手には専門分野の知識を身につけてもらうために、細分化して個人に合わせたトレーニングモジュールを開発した企業もある。訓練に外部の教育機関（コミュニティカレッジなど）をどの程度利用するかは、大企業間でも異なる。

生産システムを見直してＩＴとＯＴを合体させ、大量のリアルタイムデータを生成することには、技術面だけでなく認知面、社会面、組織面の課題がある。「最も難しいのは機器やテクノロジーではありません。最大の難関は人々の価値観です」と一次サプライヤーの北米事業を担当するある管理職は語った。「当社のメンテナンス担当者はマントを翻してさっそうと現場に降り立ち、機器を修理する仕事を愛しています。自分たちの仕事は修理だと彼らは言うのですが、私に言わせればもっと良いのはそもそも壊れないようにすることです！」。予測分析はまさにそれを実現するために使われている。しかしこの一見あたりまえの考えの実行は一筋縄ではいかない。また監督は技師が緊急の問題を解決する姿を見なければ頑張っていないと感じるかもしれない。技師は解決すべき緊急の問題が減れば自分の職が危ういと心配するかもしれない。労働者がこのような取り組みを評価するように、企業はインセンティブ制度を調整する必要がある。結局のところ、データがどう使われ解釈され共有されるかについての意思決定が、未来の工場に労働者がどう収まり、仕事に労働者のスキルが不要になるのかそれともより高いスキルが求められるようになるのかに影響する。今回の調査の他の要素すべてにも言えることだが、テクノロジーの採用の方向性には経営慣行がきわめて重要な影響を与える。

中小企業のロボットの活用

シャーの調査チームはドイツのロボットメーカーと比較的先端的な企業に注目し、ヘルパーのチームはアメリカに拠点を置き長年にわたって製造にロボットを活用してきた自動車関連の大企業を取り上げた。タスクフォースメンバーのスザンヌ・バーガーが率いるチームは中小企業を中心にアメリカの製造業を調査した。2013年にMITの「イノベーション経済における生産」調査のリーダーを務めたバーガーは、アメリカ、中国、日本、EUの数十年分の研究に依拠した。

アメリカ企業の中にも、アメリカ国内にある自動車工場やアマゾンの倉庫など、先進的な自動化技術の活用に乗り出しているところはある。しかしバーガーの調査チームは一部の大企業と中小企業では自動化に大きな差があることを発見した。[*33]

バーガーのチームはアメリカ企業44社が所有するオハイオ州、マサチューセッツ州、アリゾナ州の工場を訪問した。44社のうち10社が大手多国籍企業、34社が中小企業である。中小企業とは従業員数500名未満の企業をいい、アメリカの製造会社の98%を占め、製造業で働く労働者の43%を雇用している。チームが調査した企業の半数以上が2013年の調査にも参加していたので、経時変化を分析することができた。

アメリカの製造業の生産性向上は過去数十年間、他の先進工業国に比べ緩やかだった。中小の製造企業ではさらに緩やかだった。生産性の向上を加速し、「地球に優しい」生産方式に移行し、賃金を上げたいなら、中小企業がなぜ、いつ、どのようにして新しいテクノロジーを取り入れ、労働者を訓練して新しいスキルを身につけさせるのかを理解しなければならない。そのことを、バーガーのチームによる調査は浮き彫りにした。研究者たちは各社に過去5年間の新しいテクノロジーの採用、機器を操作するスキルをどうやって調達したか、新しいテクノロジーが従来とは根本的に異なるためタスクの遂行に新しいオペレーターが必要になった場合、それまでその仕事をしていた労働者はどうなったのかについてたずねた。

「ロボットが労働者に代替する大きな波が5～10年の間に起きると予想する文献を読んでいたため、どこもロボットがごくわずかしかおらず驚いた」とチームは報告した。チームが見つけたロボット採用最多の企業は2010年に初めて訪問したオハイオ州の企業で、その後日本企業に買収されている。同社には今では100台以上のロボットがあり、従業員数は2倍以上に増えていた。チームが調査した他のオハイオ州の中小企業はすべて、過去5年間に購入したロボットが1台のみだった。マサチューセッツ州でも1台、アリゾナ州で3台だった。

同じく示唆に富むのは、このような中小企業の経営者がロボットの少なさを説明するために挙げた理由である。何人かは、ロボットを購入したいのはやまやまだが白社の受注規模ではロボット購入の採算がまず取れないと語った。中小企業はたいてい多品種少量生産である。適正なコストでタスクを切り替えられるだけの柔軟性がロボットにはまだない。シャーが報告したように、ロボット本体の価格は総コストの約4分の1でしかない[*34]。残りはプログラミングと、作業セルないしプロセスに統合するコストである。

しかし、調査対象のすべての企業が同じ過去5年間にCNC〔コンピュータ数値制御〕工作機械、新しい溶接技術、レーザー切断機およびウォータージェット切断機、サーボプレス金属プレス加工機、センサーなどの新しい機器ないしソフトウェアを購入していた。またコンピュータ支援設計（CAD）、データアナリティクス、さらにはブロックチェーンのソフトウェアまで購入していた。これらの企業は生産プロセスのデータを収集していたが、中小企業の経営者も話を聞いた大企業の経営者と同じく、収集したデータのほとんどをどう利用すればよいのかわからないと言っていた。

企業規模が小さくなるほど自動化は漸進的で、購入と統合のコストが高い新しいシステムをまるごと設置するよりも、部分的に機械を追加する傾向がある。このアプローチであれば工場の生産性が全般的に上がりつつも、労働者への破壊的な影響は最小限にとどまる。*35 テクノロジーの導入が、新しい機械を買うのではなく既存の機械に新しいハードウェアとソフトウェアを加えて改変する形を取る場合も多い。このアプローチは一種のテクノロジーの重層化をもたらす。つまり新しい機器を導入し、ものによっては1940年代からある古い機器と一緒に動かすのである。これが、中小企業の新テクノロジー導入が通常はレイオフにつながらなかった一つの理由かもしれない。新しい機器を扱うスキルのない年配の労働者が古い機械を操作し続ける一方で、最新のテクノロジーに心を躍らせる若い労働者は古い機器の操作を覚えることに時間を投資したがらないだろう。2013年と2019年の2回とも研究者が訪問した企業は、その間に労働者の数を増やしており、新しいテクノロジーの導入に際してレイオフを行ったと報告した企業はなかった。

インタビューした比較的大手の企業でさえ、労働力の節減だけでなく品質向上も狙って自動化を行っているところがある。あるボストンの工場長は、目標は「灯を消す」ことではなく「灯を小さくする」ことだと表現した――つまり、人々が組み立てラインで物を扱う工場から画面上の生産統計を分析する工場に移行したいのだという。しかし、その工場の労働者の数は過去20年間に50％減少したと研究者は指摘している。

顧客から入る新しい注文と新しい生産要求が中小企業の技術導入のきっかけになる。そして新しい技術を導入すれば新しい技能と訓練を求めざるをえない。新しく採用する人員に何を求めるかと研究者が経営者にたずねたところ、最も多かった答えは「定刻通りに出社し、長く勤めてくれる人」だった。経営者の多くは自社が求人している職に関して、コミュニティカレッジその他のプログラムが行う正規の職業教育の価値にかなり懐疑的だった。彼らがスキルを求め始めるのは先進技術が工場に入ってからだ。「理想の採用者」は前職で同じ仕事をしていた人だろうが、そのような人材が来てくれることは、少なくとも経営者が支払おうと思う賃金ではまれである。そこで経営者はすでにいる社員の中の若手か進取の気性に富む者に目をつけ、新しいソフトウェアやハードウェアの使い方がわかるかとたずねる。社員はネットの動画を頼りにすることが多い。新しいCNC工作機械を操作するために新しいCAD／CAMソフトウェアの使い方をネットで覚えたある労働者は、「テクノロジーが進歩すれば、働く人間も進歩します。人はソフトウェアとともに成長するのです」と言った。

こうした理由から、生産性の向上と雇用の質向上を両立させるために有望な策は、まず中小企業の先進製造技術の採用を支援することだ。現状では、中小企業を対象とする国家プログラムとして最大規模のものは、主として「リーン」生産方式の改善に注力してきた製造業拡大パートナーシップ（MEP）と、大手製造企業を主な対象に応用研究開発を支援し普及させる製造USA研究所〔先端的製造技術の振興のため政府に指定された研究所〕である。新たなプログラムと政策手段を設けることによって、今もアメリカ製造業の根幹である中小企業のテクノロジー採用とスキル開発を促進できる。

20世紀に画一化と大量生産が登場したものの、今日の製造業はいまだに動きの激しい環境にある。モデルチェンジ、進化するテクノロジー、サプライチェーンの変化、ブレグジットや新型コロナ禍のような騒動を見ても、21世紀の製造業が、高度に標準化された定番製品の製造さえ、たえまない変化の環境の中で運営されていることがわかる。今まで自動車のシャーシにフィットしていたゴム製ガスケットが、サプライヤーが変わったとたんに合わなくなるかもしれない。ロボットと自動化が最大の効果を発揮するのは現在のところ、ほとんどの変数が固定されオペレーションが高度に標準化されている場合にとどまっており、移り変わる条件に適応する鍵はまだ人間の労働者が握っている。新しいAIと機械学習ベースのロボットへのアプローチ、新しいセンサーと作動装置、新しいソフトウェアが機械の柔軟性を高めつつあるが、それは長い進化の過程の始まりにすぎない。

製造業テクノロジーの最先端――ＡＭ技術

テクノロジー普及サイクルのさらに先にあるのがＡＭ（アディティブ・マニュファクチャリング、付加製造）、一般に３Ｄプリンティングとして知られる技術だ。３Ｄプリンティング技術は急速に進んでおり、これから台頭する製造技術の中で最も破壊的革新力を持つものとなりうる。一台の機械を使って複雑な完成部品が作れることは、膨大な数の生産関連職に取って代わる可能性を秘めている。現在、航空宇宙エンジニアリング企業は３Ｄプリンターを使って点検工具と自動車部品を作り、他のメーカーはプロトタイプと機械の取り付け具を作っている。機械は普及しつつあるが、使用しているのはまだ社内のテクノロジーに充てる予算が潤沢な大企業が中心だ。

３Ｄプリンティングはこの10年、製造業とサプライチェーンに影響を与える可能性があることから大きな波紋を呼んできた。３Ｄプリンターは従来はロボットの仲間と考えられていなかったが、ハードウェアと材料とソフトウェアを合体させてまったく新しい方法でものづくりをする卓上ロボットと考えることができる。３Ｄプリンターは「メイカーズ」（ものづくりに携わる人）向け消費財として魅力を見出され、産業界からも強い関心を寄せられた。使用する場でたちどころにプロトタイプ、部品、まったく新しい製品さえ作れる、そのことが秘める影響力は広範囲に及ぶ。サプライチェーンは店頭や配備の場に至るまでデジタル化できるかもしれない。生産はオンデマンドで部品を生産するデジタル倉庫に分散できるかもしれない。メルセデス・ベンツなどの企業はすでにこのテクノロジーを使ってレガシーモデルのスペアパーツを製造している。

「ＡＭ（付加製造）」は、鉄鋼の塊などの原材料から切削工具によって材料を取り出す機械加工のようなサブトラクティブ・マニュファクチャリング（除去製造）とは一線を画す手法である。ＡＭでは、材料がコンピュータ制御されたヘッドによって少しずつ積層される。おなじみの消費者向けデスクトップ３Ｄプリンターが着色プラスチックの小さな部品でこれを行えるのに対して、現在のＡＭ機はナノスケールのものから大型の構造部品や金属部品を製造できるものまであり、材料も高性能高分子材料から航空宇宙グレードのチタンまで幅広く扱える。

ＡＭが威力を発揮するのは製造だけではない。上流の設計から下流のサプライチェーンまでその力は及ぶ。サブトラクティブ・マニュファクチャリングが切削工具の基準に従わなければならないのに対して、ＡＭは設計者が複雑な形状を実現する自由度を広げ、これまであったコストと複雑さのトレードオフを克服している。ＡＭはＡＩによって可能となった「生成・デザイン」技法の扉も開いた。これはＡＩがプロトタイプを設計してＡＭが製作し、エンジニアがテストするもので、部品のコストや重量や強度をまったく新しい方法で最適化できる。専門家はＡＭがサブトラクティブ・マニュファクチャリングを代替するのではなく補完する、また製品の設計と製造と市場投入の方法に絶大な影響を与えると予想している。

タスクフォースのメンバーでＡＭの第一人者であるジョン・ハートは次のように書いている。「デジタル情報を迅速に物理的形態に変換するＡＭが利用できなければ、マス・カスタマイゼーション〔大量個別化生産〕の大規模な実現は考えられないだろう」。ハートと彼のチームはＡＭの普及を調査し、ＡＭによっていずれ企業は、移り変わるニーズを満たすための変更を苦も無くできるようになるだろうと結論づけた。[*36] AMはこのツールがなければ存在しえなかった新しいビジネスも生み出せる。例えばアライン・テクノロジー社の製品「インビザライン」は、患者一人ひとりの口腔内のスキャンデータを基にカスタムメイドの歯列矯正装置を作っている。

AMシステムのように用途ごとの設定ができる生産資産によって、企業は不確実な時期に必要に応じて生産活動をすばやく転換できるようになるかもしれない。例えば新型コロナのパンデミックのさなかに、AM企業はいちはやく既存の生産インフラと事前認証を受けた医療用材料を活用し、鼻咽頭ぬぐい液採取用綿棒を生産した。鼻咽頭ぬぐい液採取用綿棒はウイルス検査に必須で、新型コロナ危機の初期には非常に不足していた。ハーバード大学とMITの教員がデスクトップ・メタル、フォームラブズ、カーボンなどの企業と共同で立ち上げたこのプロジェクトは、開始からの数週間で週に百万本単位の綿棒を生産する成果を上げた。

とはいえ、AMの大規模な普及とそれに伴って職に及ぼしうる影響は、(下がりつつあるものの)高いコストと、共通の基準がないこと(できるには何年もかかるかもしれない)が足枷となって緩やかである。AMベースのシステムは、サブトラクティブ・マニュファクチャリングにおいて100年以上かけて発展した大規模生産に求められる高速化ないし低コスト化をいまだ実現していない。積層部品の材料特性には、サブトラクティブ技法がすでに重要コンポーネントに提供している予測可能性が欠けているおそれがある。AMの設計、試験、材料には基準がない。そして、失業をめぐる本書のテーマに照らせば皮肉であるが、この産業の成長はAM技法の訓練を受けた専門のプロ人材の不足により今のところ制約がかかっている。こうした制約はすべて、高速

AM生産機器のイノベーションから新たな人材養成プロセスの整備まで、時とともに対応されていくだろう。

したがって他の分野と同じく、工場労働者がこれから出現する職種に移りやすくする巧みな訓練戦略を適用するチャンスはある、と私たちは見ている。製造企業が必要とする労働者の数は減りそうだが、残った人々は新しい機械を操作するために専門の訓練を受ける必要があるだろう。

クインランとハートの調査で、オハイオ州のある小さな工場の所有者は、およそ10年後には新しいテクノロジーに完全に移行できる、それにより、生産量が変わらないとすれば雇用は大幅に減ると予測した。しかし競合他社より生産性が上がるので、自社の雇用者の数は増えるだろうとも工場主は考えていた。これが業界の雇用全体が増えることを意味するのか、それともこの企業の雇用が増えて競合他社の雇用は減るだけなのかは、品質の向上とコストの低下に顧客の需要がどう反応するか次第である。[*37]

テクノロジーの浸透は時間がかかる

互換性部品、組み立てライン、インターネット接続など、これまでの大きな技術進歩が普及に何年もかかったように、現在の先進テクノロジーが経済に浸透するには時間がかかるだろう。インターネット、モバイルおよびクラウドコンピューティングその他、1990年代以前に起源をさかのぼるイノベーションを導入した最大の影響は、今なお進行中である。AI、機械学習、ロボット、ＡＭが今後の経済を変容させることは間違いない。その変化は、経営者、組織、ビジネスモデルからの無数のイノベーションの集大成となるだろう。

II

第4章

「よい仕事」のための教育と訓練

EDUCATION AND TRAINING : PATHWAYS TO BETTER JOBS

革新的なテクノロジーはあらゆる産業と職種の仕事の性質を変えてきた。実は前章で示した通り、アメリカで過去40年間にイノベーションが起きなかったわけではない。既存の仕事の別なやり方、新しいビジネスモデル、まったく新しい産業が考案されれば、生産性が向上し新しい仕事が生まれる原動力となる。しかしテクノロジーのイノベーションだけでは、それを補う仕組みや改革がない限り、広く共有される利益は生み出されないだろう。国の労働者の教育と訓練に投資して、労働者が需要のある職に就けるスキルと機会を持てるようにすることもイノベーションと同じくらい大切である。訓練は、就職に壁がありそうな労働者を良い仕事にアクセスしやすくしたり、昇進の機会を作ることにより既存の仕事の質を向上したりもできる。本章では未来の仕事を創出し形作るうえで教育機関と訓練機関が果たす重要な役割を述べ、特に成人労働者のスキル開発への斬新なアプローチに光を当てる。

どのような社会も機関のネットワークを通じて労働者を育成し支援しており、そのネットワークには社会契約が反映されている。例えばヨーロッパ諸国では、機関同士が緊密に結びついていることが多い。雇用主は同業他社や政府機関、教育機関と協力し、座学と職場での実地教育によって労働者を訓練する。

アメリカ人はヨーロッパモデルを融通が利かずコストが高いと考えがちだった。ヨーロッパモデルに対して、アメリカモデルは分権的である。州や連邦政府の機関は労働者育成の取り組みに調整役として関わることがほとんどない。企業は協力して労働者を育成するよりも、熟練労働者を奪い合う。このような制度的特徴により、訓練を求める労働者にとって選択肢の質が不確かでわかりにくいという状況が生まれている。反面、このような事情から競争と創造的破壊が生まれやすく、労働者は人生の節目ごとに多様な教育・訓練プログラムを柔軟に出入りできる。アメリカのシステムは分権的ではあるものの、既存の制度でもっと安定した、サポート力のある、革新的な労働者育成システムを構築する機会は豊富にある。アメリカの現行システムの分断された性格がほぼ変わらなさそうであっても、大多数の労働者にもっと役立つように現制度の改革と強化ができないわけではない。

教育と訓練の効果を測定する

K－12〔高校卒業までの12年間〕教育は教育の下地のある生産的な労働人口の形成に不可欠だが、

本書では成人、特に自動化の影響を受けやすそうな職に就いている人々の教育と訓練を取り上げる。低賃金職に就いている人々、学歴が四年制大学以外の人々、キャリアの途中で失業した人々がその典型である（彼らだけではないが）。このような労働者に機会を作るために求められるのは、既存の教育・訓練機関への投資と、継続的なスキル開発を利用しやすく、魅力的で、コスト効果の高いものにするべく新たな訓練メカニズムを創り出すためのイノベーションの両方である。

成人向けスキル訓練システムは、変化する労働市場で労働者を支援することを直接の目標とする。このシステムを構成するのは雇用主、コミュニティカレッジ、労働組合、公的訓練プログラムである。また、労働者に就職市場に臨む準備をさせる画期的に新しい訓練の場（ネットとリアルの両方）も含まれる。これらは種類ごとに訓練の質に大きな幅があり、労働者にとっての成果も相応に異なる。システムが不均一、複雑であることには明らかなデメリットがあるが、それはアメリカの労働者が成人してからも訓練や教育との接点を複数持てるということでもある。この柔軟性は中央集権的なヨーロッパのシステムにはあまり見られない。

現行の教育・訓練システムについてわかっていることを述べる前に、教育水準別の収益率という観点から、労働市場でここ数十年に何があったかを振り返っておこう。

第2章で簡単に説明した通り、人間の定型的な労働が機械に代替されるという現在進行中のプロセスは、問題解決能力、直感、創造性、説得を用いる抽象的なタスク——今のところ自動化が難しいが、なくてはならないタスク——に長けた、教育水準の高い労働者のスキルを補完する。同時に、このプロセスは通常、中等後教育を受けていない労働者のスキルの価値を下げ、彼らは定型作業中心の業務で機械と最も直接的に競合する立場にある。これらの要因が組み合わさる結果、正規教育、技術の専門知識、認知能力への需要はいっそう高まる。

1981年に平均的な大卒者は、平均的な高卒者より週に48%多い所得を得ていた。これはかなりの所得差だったが、所得の分断とまでは言えない（図2・2参照）。ベトナム戦争終結後に大学入学者数が減り、したがって数年後の1970年代末から1980年代初めに労働市場に参入する新卒者の数が減った。大卒者の需要はそれまでの数十年間増え続けていたため、新卒者の減少によって大卒者の市場賃金は急増し、供給が最も少ない若い大卒者ではそれが顕著だった。大卒プレミアムの上昇は1982年以降、年を追うごとに加速し、1990年に72%、2000年に90%、2005年には97%に達した。[*1] つまり大卒者の平均所得は、1982年時点で高卒者の1・5倍だったが、2005年には2倍になっていた。それ以降はこの差はほぼ動かなかった。[*2]

大学授業料の上昇を考慮しても、高卒資格に比べて大学の学位に期待される正味現在価値は、男女とも1965年から2008年にかけて約3倍に増え、その増加のペースは1980年代から1990年代にかけて最も速かった。[*3] もちろん、これらの記述統計から因果関係を推論する際は慎重であるべきだ。この所得差には、大学の学位そのものの付加価値よりも大学の学位を取得した学生と取得しなかった学生の潜在的稼得能力の差が表れているのかもしれない。しかし、合格ラインすれすれで明暗の分かれた学生同士を比べると、大学に行ったほうの学生の所得面の見返りが大きいことが研究によって示されてきた。[*4]

この40年間で四年制大学の学位を取得することによる利益は急増したが、図2・2に見る通り、二年制の短大の学位を持つ労働者が受けた恩恵はそれに遠く及ばなかった（「短大卒」のラベルをつけているグラフ線）[5]。それでも、短大卒の労働者は高卒資格のない労働者、あるいは高卒だが大学教育を受けていない労働者よりはるかに所得が伸びた。しかも、短大の学位から得られる利益は平均すると非常に大きいこと、特に、かかるコストが安く（四年制大学に比べ）投入する時間が少ないわりには大きいことを、さまざまなエビデンスが示唆している。

コミュニティカレッジで学位か修了証を取得した場合の収益率はおおむね良好である。標準的なプログラムについてのランダム化比較実験は入手できないものの、高度な固定効果モデリング——調査データと行政データを使い分けた——がこの結論を裏付けている。例えば、6州の行政データを用いた評価では、文系準学士号（AA）を取得すると、入学したが卒業証書を取得しなかった場合に比べて所得が4640～7160ドル増えることがわかった[6]。修了証の取得についても、学位の取得よりは小さいがプラスの結果が報告されている。カリフォルニア州のコミュニティカレッジにおけるキャリア・技術教育（CTE）についての調査は所得増が14～28％であると報告しており、他の調査も同様の結論に達している[7]。

もちろん、コミュニティカレッジの学歴と一口に言っても中身は多種多様であり、准学士号もあれば、さまざまな専攻科の卒業証書や、特定のスキルセットの修了証もある[8]。取れる資格がこのように多様であることから、コミュニティカレッジで取得した資格の収益率には非常に幅がある。アン・ハフ・スティーヴンス、ミカル・カーランダー、ミシェル・グロスは、CTEの修了証と学位の収益率は14～45％で、医療分野のプログラムの収益率が最も高いと推計している。非医療関連のプログラムについては、15～23％と医療分野よりも低い収益率を推計している。[*9] こうした観察の結果、コミュニティカレッジの学歴がおおむねリベラルアーツ教育と同種のいわゆる一般的技能訓練には該当せず、特定の就業機会向けの特定技能に対応するものであることがはっきりと浮かび上がる。そのため、このような学歴を獲得する「収益率」は、その学歴によって就ける職業の所得水準に大きく依存するだろう。多くの医療関連の専門職は相対的に報酬が高いので、医療関連の学歴の収益率が高い傾向にあるのは筋が通っている。

雇用のミスマッチをどう解決するか――セクター別訓練プログラム

雇用主のスキル需要と労働者の訓練のミスマッチにじかに切り込む重要なモデルとして、ここ数十年の間に存在感が強まっているものの一つが、セクター別の訓練プログラムである。セクター別の訓練プログラム、別名セクター別雇用プログラムは、特定の産業クラスターおよび職業クラスターの求職者を質の高い雇用に向けて訓練する。セクターはその地域の労働市場の需要と長期のキャリア展望に基づいて選ばれる（例えば医療、ＩＴ、製造業）。セクター別雇用プログラムの先駆けは１９８０年代に登場し、地域社会に根付いた組織が実施していた。このようなプログラムの中核的な構成要素は、コミュニティカレッジや雇用仲介機関のような提供者が中心となって行う多種多様な訓練・教育プログラムにも見ることができる。こうしたプログラムの徹底した厳正な長期的評価によって、若者であれ失業した成人であれ不利な立場にある成人がまともな報酬を得られる継続的な雇用を見つけるための支援について、優れた洞察を得られる。

セクターごとの総合的なアプローチは、訓練終了の約1年後に受講者に14～39％の所得増を持続的にもたらし、プログラム参加後3～9年間にわたって所得増が継続する成果を示したことがわかっている。これはハーバード大学のローレンス・カッツらが中心となって最近行った4回のランダム化比較実験の評価の分析に基づいており、さまざまな労働者育成機関や地域（イヤー・アップ、パー・スコラズ、ジューイッシュ・ボケーショナル・サービシズ、ウィスコンシン・リージョナル・トレーニング・パートナーシップ、プロジェクト・クエストなど）を混ぜた8種類のセクター別訓練プログラムが対象だった。[*10] 所得増は長時間労働や高い就職率によるものではなく、目標のセクターで高賃金の職に就いたことによるものだ。

これらのプログラムには成功の秘訣としていくつかの特徴がある。すなわち、雇用主と密に交流する関係を築き、受講者の選抜、就職準備技能訓練、職業技能訓練、就職斡旋、包括的支援、フォローアップ支援を行っていることだ。このモデルが、従来型の学校環境では必ずしもうまくいかない人や失業者の訓練・教育ニーズを満たしている。訓練プログラムの期間は通常6ヵ月未満である。受講者1人当り4500～1万5000ドルとかなりの投資が求められる。しかし3～9年後の所得増と比較すればコスト効果が高いことが証明されてきた。こうしたプログラムの重要な要素を以下に詳しく説明する。

受講者の選抜：集中的な選抜プロセスは最長7日間続くこともある。受講者の要件はさまざまだ。

例えば、特定のセクターで長期の雇用を希望し、成功するために必要な基本的スキル（読み書き計算、高卒ないしGED（高校卒業同等資格））を備えた受講者を選定する。志望者はプログラム受講前はたいてい、意欲が高くても従来の中等後教育の学歴がなく、失業中か不完全就業状態にある。

就職準備技能訓練およびサービス：就職準備技能とは一般に「ソフトスキル」あるいは「ソーシャルスキル」と言われるものである。訓練機関は時間管理やコミュニケーションなどをテーマに実践型の研修を行う。このようなスキルは今日の就職市場において職業に特化したスキル以上に、とは言わないまでも同じくらいに重視されている。多くのタスクのうち既定の手順を踏む要素をテクノロジーが行うようになりつつあるため、判断、共同作業、問題解決のスキルの価値が増している。[*11]

職業技能訓練：魅力的なセクターの高賃金職への就職を成功させるには、職業技能訓練は不可欠な要素である。この訓練の重要な特徴は、高賃金のセクターに的を絞って業界認定資格を得ることだ。プログラムは受講者がどこでも通用する認定技能を伸ばすのに役立ち、雇用主が必要性は認めていても自前で実施するのを躊躇する訓練の穴を埋める形になっている。

就職斡旋：セクターを絞ったプログラムには特定の雇用主が協力し、プログラム内容をその企業に合わせて、受講者に企業ニーズに応えられるよう準備させるものが多い。このようなプログラムは技能訓練に加えて就職斡旋も行い、企業との既存の強固な関係から恩恵を受ける。就職を仲介することによって新入社員研修のコストが削減でき、試用期間に問題が発生すればサポートできる。また、求職者に社会的資本がなかったり、就職口に推薦してくれる人脈が乏しかったり、あるいは雇用主が従来とは異なるタイプの求職者を探すことに積極的でなかったりして、求職者が就職のきっかけがつかめない場合に、このプログラムは橋渡しができる。

包括的支援：包括的支援とは、働く能力に影響する困難を受講者が乗り越えるためのサポートを指す。このようなサポートには交通手段、保育サービス、想定外の緊急事態の支援などがある。

フォローアップ支援：就職してからの30～60日間が重要であるとの認識から、訓練機関は就職したばかりの受講者をサポートするため定期的に個別に連絡を取る。さらに、受講者は自分の職務で昇進する心構えについてコーチングを受ける。

今紹介したプログラムのさまざまな要素の中でも、業界認定資格につながり、特定のセクターの雇用主と協力した職業スキル訓練が鍵である。このようなプログラムは、労働市場において経済的に特に不安定な人々が今よりも高賃金で成長機会のある業界に職を得て維持する重要な足掛かりを提供する。

こうしたプログラムやその構成要素の多くは、成人向けの教育・訓練を提供する多様な施設や機関で実施されている。研修機関は2014年に連邦政府が成立させた労働力革新機会法（WIOA）によって資金を賄っているところが多い。近年は多様な研修機関でプログラムの実施にめざましいイノベーションが起き、実験が行われている。次の節では、タスクフォースメンバーのポール・オスターマンの研究を基に、現在のアメリカの成人向け教育・訓練を担っている重要な機関とプログラムのいくつかを紹介する。[*12] これからを考えるにあたって、最も優れたプログラムを見きわめて拡張することが、今後数十年のアメリカの社会的・経済的福祉にとってますます重要になる。

公的・非営利の訓練プログラム——コミュニティカレッジ、学校

コミュニティカレッジと仲介機関

アメリカの訓練エコシステムの要《かなめ》は国内に約1100校あるコミュニティカレッジである。アメリカの中心的な訓練実施機関として、コミュニティカレッジには単位取得課程に年間700万人近い学生が在籍し、うち46％が22歳以上で、64％がパートタイム〔働きながら学ぶ、または必要な科目だけ履修する〕学生である。このような年齢の高い学生の大多数は職業教育プログラムを履修している。加えて、さらに500万人が単位取得を目的としない課程を受講している。単位取得対象外の課程はあまり調査されていないが、ほとんどは職業教育課程であり、パートタイムで通学する成人が受講している。コミュニティカレッジの単位取得課程で学ぶ学生には、人種的マイノリティで低所得の、家族で初めて大学に進んだ学生が圧倒的に多い。コミュニティカレッジが果たす役割は複数ある。単位取得課程の学生のおよそ30％が四年制大学に編入し、それ以外の学生は二年制の学位か修了証を取得する。コミュニティカレッジは雇用主が在職者を訓練するのにも活用され、新規事業を誘致する地域経済開発戦略の一翼も担いうる。

前に取り上げたように、コミュニティカレッジで取得した学位と修了証は高い就職率と高所得につながりやすいことが、経済学の研究によって示されてきた[*13]。しかしコミュニティカレッジがその本来の力を発揮するには、勉強を修了して学位を取得する学生の割合が増えるよう学生を支援する必要がある。コミュニティカレッジに入学する学生のうち、6年以内に修了証や学位を取得する者は40％にも満たない。多くの場合コミュニティカレッジの学生は、学業の傍らフルタイムの仕事や子育てのような大人としての責務もこなしている。学位の取得に至らない学生がかなりの割合を占める理由（少なくとも理由の一部）はその両立の難しさにあるに違いない。学生がフルタイムで通学して目的が明確に定められたプログラムの学習をやりとげられるように資金援助し体制を整えると、学位取得率の上昇にきわめて効果が高いことが示されてきた[*14]。

多くのコミュニティカレッジが、産業セクターに特化した訓練の要素を提供内容に組み入れる革新的なモデルやパートナーシップを開発している。例えば、必要とされているテクノロジー系のスキルを教えるために、コミュニティカレッジと民間セクターの専門知識を活用するパートナーシップが出てきている。グーグルは25校のコミュニティカレッジと提携して、「ITサポート・プロフェッショナル認定証」を提供してきた[*15]。もう一つの例は2011年に始まったIBMのP‐TECHプログラムで、こちらは高校、地元産業、コミュニティカレッジを結び、学生が高卒資格とサイバーセキュリティなどSTEM（科学・技術・工学・数学）関連分野の準学士号を取れるようにしている。多くのセクター別雇用プログラムと同様に、P‐TECHは行政支援が行き届かない層の学生を対象にしている。

コミュニティカレッジが成功するには、地元の雇用主の継続的な関与だけでなく、地域全体が関わって官民セクターがともに労働者の育成に投資することが必要である。MITの研究者が特に貴重だと感じた一つの例が、フロリダ州フォートピアスにあるインディアン・リバー州立大学だった。強力なリーダーシップ、地域との連携、多様性・平等・包摂を目指す本気の取り組みのおかげで、この大学は地域の健全な成長トレンドと多様性を増していく人口動態に足並みを揃えながら、対象エリアの都市部と農村双方の異なるニーズのバランスをうまく取ることができた。MITの研究者はコロンビア大学教育大学院コミュニティカレッジ研究センターの研究者と協力し、インディアン・リバー州立大学で効果の高いプログラムを作るのに役立った要素を四つ特定した。[*16] 第一に、経済開発を主導する人々、労働力開発委員会、産業界、大学の間に強い地域内の連携が存在していること。これが、電力会社フロリダ・パワー&ライトと提携したときのような訓練プログラムでの協力関係をもたらした。フロリダ・パワー&ライト社は実験室の機器を提供し、技師の養成と技術者の技能向上のための電子工学および原子力技術のプログラムを支援している。同様に、ディズニーなどのメディア企業はインターンシップと展示会を通じて学生のデジタルメディアの実績作りを支援している。総合医療機関クリーブランド・クリニックも医療情報学および医療事務の二つの認定プログラムと、クリニックの看護師の技能向上を支援するために麻酔技術の長期プログラムを作成した。第二に、同大学は協力してプログラムの作成に当たる手法を開発し、教員、スタッフ、地域社会のメンバーを経時的な進捗の評価に関与させ、人口動態や技術の変化などの課題を先取りさせた。第三に、同大学はその後データを利用してプログラムの改善に役立てている。具体的には、特定の人口動態その他の特徴（例えば人種と民族、在籍状況、大学教育の初体験者か、家族初の大学進学者か）に基づき、大学全体とプログラムごとの詳細なデータを定期的に精査する。第四に、同大学は積極的な資金調達活動によって、最先端の設備に投資することができた。これは、学生の学習と技能開発とエンプロイアビリティ（雇用されうる能力）を支援するための地域社会との連携を通じて、学生と地域社会全体に利益をもたらしてきた。

アメリカ全国のコミュニティカレッジに同様の事例が数多く存在する。労働市場と同じく、コミュニティカレッジは地域経済に根ざしており、地域経済にはそれぞれ特有の制度、産業、運営委員会、資金調達に関する州の政策などがある。しかし、近年の研究がプログラムの成功要因は何かを私たちに教え、そのようなプログラムの規模を拡大し範囲を拡張する道筋を示してくれている。

コミュニティカレッジに在籍する学生（在学していない学生もだが）の成果を高めると思われる一つのアプローチは、いわゆる仲介機関プログラムである（一部はセクター別訓練プログラムにも分類できる）。仲介機関とは、特定の訓練を提供するコミュニティカレッジのみならず、セクター別訓練プログラムを作成し実施する非営利組織のことで、時には雇用主とじかに協力して既存の職に就く力がつけられるスキル訓練を見きわめる。こうした仲介機関が開発するプログラムは、雇用主との緊密な関係（「デュアル・カスタマー」モデル〔企業と求職者双方のニーズに応える〕）、顧客へのサポートサービスとカウンセリング、訓練への多額の投資を特徴とする。[*17] 雇用主と緊密な関係を築くために、仲介機関のスタッフは業界と雇用主のニーズに関する専門知識を深める。例えばテキサス州サンアントニオのプロジェクト・クエストは、地元企業と協力して今後求人が出る職を特定し、低賃金労働者を募集してその職に就くための訓練を行っている。受講者はレメディアル教育〔基礎学力の補習〕を受け、モチベーションを上げライフスキルを伸ばすのに役立つグループミーティングに毎週参加する。受講者は交通費その他のニーズを賄うための金銭的支援を受ける。クエストのプログラムの厳正な評価[18]（その一部を本節の初めのほうで取り上げた）により、プログラムの非受講者から無作為抽出した同等の対照群に比べ、受講者の所得が大幅に上がったことがわかった。9年後には、プログラム卒業生の所得の増分が年間5000ドルを上回るまでの差がついた。別の同様のプログラムであるボストンのジューイッシュ・ボケーショナル・サービシズ（JVS）は、雇用主が社内にキャリアラダー〔段階を踏んでキャリアアップできるようにした人事・能力開発の制度〕を構築したり、採用ニーズを満たしたりするのを支援している。JVSには地元企業と長期的な関係があり、例えば病院では、食事提供のような低賃金職の労働者を訓練して、患者と接する賃金の高い職に移れるようにしている。

学校での職業訓練と養成訓練制度

近年イノベーションがあった別の領域は、即戦力になる仕事スキルの提供に重要な役割を果たせる高校とそのすぐ後の中等後教育機関である[19]。高校のキャリア・技術教育（CTE）は総合制高校〔普通科と職業科を併設する高校〕か職業高校に組み込める可能性がある。最近はCTEプログラムの新しいモデルが増えてきた[20]。

その核となる特徴は、仕事の実務経験を従来の座学とうまく組み合わせることである。パスウェイズ・トゥ・プロスペリティ・ネットワーク（ハーバード大学教育大学院、州、非営利組織 Jobs for the Future が協力して行っている若者の職業教育）とIBMのP－TECH校（前述）がその例だ。他には、既存の学校と協力して従来の養成訓練制度モデルをアップデートし、高校の授業と職業体験を結びつける方法がある。養成訓練制度の利点は、労働者にとっては高賃金職に就く力をつけるスキル主体の教育を受けられ、雇用主にとってはスキルのある労働力を採用しつなぎ留められることである。*21 この例にはキャリアワイズ・コロラド、ジョージア・ユース・アプレンティスシップ・プログラム、トヨタ・FAMEモデルがある。

これらのモデルはヨーロッパの職業教育訓練（VET）プログラムにヒントを得ている。VETプログラムは政府と「社会パートナー」――雇用主団体と労働組合――の強い関係を基に構築される。タスクフォースメンバーのキャスリーン・シーロンと論文共著者のクリスティアン・イブセンは、ドイツとデンマークのVETプログラムを分析し、このようなプログラムが民間セクターの熟練労働者の育成および労働市場とのつながりが弱い人々の包摂という国の目標を支えていることを見出した。*22 ただしドイツとデンマークの事例はこの二つの目標達成に存在するトレードオフを明確に示している。このようなプログラムへのもっともな批判は、中等後教育の間に生徒を職業教育とアカデミック教育のどちらかに選別し（階級で分かれることが多い）、両者間を行き来することがほとんどできないというものである。VETプログラムは中程度の技能の職業（電気技師、看護師、技師）を対象とし、職場実習と教室での理論の授業で構成された2～4

年の訓練を提供している。このシステムには四つの特徴がある。（1）ＶＥＴは企業が後援する訓練（および関連する座学）を通じて行われる。（2）プログラムは訓練生を受け入れて訓練費用を負担する民間セクターに大きく依存している。（3）企業は狭いスキルではなく、政労使の代表からなる委員会が定めた幅広いスキルと能力を訓練しなければならない。（4）国が定めた基準によって内容と質の一貫性が保たれている。企業はこのようなプログラムに「互恵的制約」を受けて参加することを奨励され、この制約が訓練とより広く労働者への投資を長期的な視野でとらえるインセンティブとなっている。ドイツとデンマークでは、労使関係制度（セクター別ないし全国レベルの労働組合の団体交渉権）、強い雇用保護、労働者の経営参加を支援する制度などの「制度的エコシステム」にこの制約が埋め込まれている。

こうしたプログラムは国ごとに固有のもので、非常に分権的かつ個人主義的な（集団主義的ではない）アメリカの状況にはそのまま持ち込めないが、アメリカでも養成訓練プログラムが広まっているため、研究に値する。実際に近年はＶＥＴモデルを参考に、アメリカで養成訓練プログラムに多額の投資が行われてきた。連邦政府と州政府の資金提供により、２０１９年には養成訓練プログラムの数が50％増加し60万件を上回った[*23]。プログラムの数はヨーロッパに比べればまだごくわずかだが、養成訓練制度のイノベーションと実験から成功モデルとベスト・プラクティスが生まれ、職人や製造業といった従来の対象分野を超えて広まりつつある。

最近高く評価されたアメリカのモデルがサウスカロライナ州にある。労働者訓練戦略に力を入れるサウスカロライナ州には、アメリカ有数のテクニカルカレッジ（技術教育に特化した二年制大学）・レベルの養成訓練プログラムがあるとされ、今ではチャールストンに高校から始まる若者向けの養成訓練制度がある。２００７年に創設された州のプログラム「アプレンティスシップ・カロライナ」は、すべての郡に合計3万件以上の登録養成訓練制度を擁するまでに成長し、州に16校ある二年制テクニカルカレッジすべてが参加している。この施策により、州は雇用主がアメリカ労働省の養成訓練制度認定に申請する際の手続きを無料で支援し、多種多様な地域プログラムを正式に承認している。サウスカロライナに多数あるドイツ企業の事業所も含め、大企業も中小企業もプログラムを採用している。

チャールストンでは、熟練労働者を求める中小企業6社によって、高校の養成訓練プログラムが２０１４年に開始された。プログラムは雇用主、地域のテクニカルカレッジ、商工会議所の協力で成り立っている。州は参加企業に１０００ドルの税額控除を提供し、商工会議所と州のプログラムがテクニカルカレッジの授業料を負担する。雇用主は訓練生に賃金を支払う。訓練生は自分が通う高校で数学と科学の授業、テクニカルカレッジでも授業を受けながら、放課後と夏休みに働く。企業は16～18歳の訓練生を選抜採用し、生徒は二年制短大の準学士号の約1年分に相当する単位が取れる。プログラム開始以降、参加企業が支出した金額は５００万ドルにのぼる。ボーイングやボッシュなど市内の最大手企業も参加しているが、コストのほとんどを負担したのは中小企業だ。２０１８年時点でプログラムには94名の生徒が在籍し、２３２名の元訓練生が受け入れ企業に採用された。*24

官民連携のもう一つの事例が市レベルで労働者を訓練しているデトロイトである。デトロイトでは近年、自動車関連の仕事が増えてきたが、増えたのは工場での組立ではなくエンジニアリングと設計の仕事だった。状況が変わったのは2019年2月、フィアット・クライスラー・オートモービルズ（FCA）が、古いエンジン工場を改装し、古い組み立て工場を刷新して新型ジープを生産する契約を州および市と交わしたと発表したときだった。*25 FCAは5000名の労働者の採用に市の労働局であるデトロイト・アット・ワークの協力を仰ぎ、全米自動車労働組合（UAW）の組合員とデトロイト市民を優先的に雇用すると確約した。2020年10月時点で1万6000名以上のデトロイト市民が選考を受け、1万名以上が応募書類を提出し、5000名以上が面接に呼ばれた。FCAは4100名のデトロイト市民に採用通知を出した。

州と市はFCAに、工場の刷新・拡大を目的とした旧工場周辺の土地200エーカー（約0.8平方キロメートル）の取得など、大型の奨励策を提供した。FCAは固定資産税の減免の確約も受けた。この労働者採用契約には賛否両論があり、いまだに懐疑的に見る向きもある。デトロイト市民に組立工の新規職を用意し、デトロイト市を製造業人材の供給源として確立する責任を負うデトロイト・アット・ワークにとっては重要なテストケースだ。この取り組みを主導する人々にとっては、FCAと市とデトロイト・アット・ワークの提携が、デトロイトの人材採用モデルがうまくいく可能性の証明となる。

デトロイトの求職者は、書類チェック、一般的な製造業務の実地訓練、数学の個人指導、面接の練習、交通手段の支援など幅広いサポートサービスを受けられる。このプロセスでは一貫して労働省のプログラムであるエンプロイメント・サービス／ワンストップスが重要な役割を果たした。労働者採用契約では採用と前段階の選抜を有効に行うための情報を提供することもＦＣＡに求めている。ＦＣＡでうまく働ける労働者を見つけて準備させるために、ＦＣＡとデトロイト・アット・ワークは1年かけてお互いのシステムを学んだ。社内と市内での技能向上に関してＦＣＡが他にも多数の確約をしたことにより、提携の範囲はさらに広がった。

ＦＣＡの新しい職の大半は初任給が時給17ドル前後の組立工である。この仕事は反復的で肉体的に厳しいものが多い。しかし労働組合と雇用主が提供する福利厚生を受けられる。応募者数が非常に多いことから、この職に魅力があることは明らかだ。

失業者

今挙げたコミュニティカレッジ、仲介機関、職業訓練を提供する機関の例は、四年制大学の学位を取得する進路に進まない過半数の成人がキャリアを伸ばす道筋を創り出した成功モデルである。実験的に検証されたこれら訓練プログラムの多くは、低賃金労働者と若者にキャリアアップさせるのに効果がある。しかし貿易、技術変化、あるいは新型コロナ禍によって失業した中年の従業員に何が効果的かについては、まだほとんど理解が進んでいない。中高年従業員の再訓練の実績はほとんどがＷＩＯＡの資金提供によるプログラムと、貿易が原因で失業した労働者を対象に別のプログラム（貿易調整支援制度〔ＴＡＡ〕）が資金提供した訓練のものである。この二つのプログラムの評価からは、メリットとデメリットの入り混じった結果が出ている。ＴＡＡの調査によれば、参加者の75％弱が就職したが、所得置換率は年齢によりばらつきがあるものの75～85

%だった。コミュニティカレッジと提携してうまく設計・管理された別のプログラム（TAAコミュニティカレッジおよびキャリア・トレーニング・プログラムの一環）は、就職者の大幅増を報告している。[*26] 失業した労働者、特に教育水準の低い失業者に何が最も役立つかが解明されるにはまだ多くの調査研究が必要である。このような失業者には、例えば彼らの訓練の捉え方や訓練を受けるに際して直面する困難など、大きな障壁が存在する。[*27] 新型コロナ禍はそのような失業者の支援を試みる大きな機会を生み出すだろう。国は有望なアプローチを提供するプログラムの開発と厳正な評価に相応の投資をすべきである。

企業の訓練投資

訓練プログラムの主要な成功要因の一つが民間セクターの緊密な関与である以上、労働者の訓練に民間セクターがどのような役割を果たしているかを問うのは当然だろう。実のところ、企業内訓練に関するデータは不十分なため、これは答えるのが難しい問いである。現在わかっていることのほとんどは、10～15年以上前のエピソードと調査に基づいている。雇用主が社員の汎用性の高いポータブルスキル〔職種や業種が変わっても活かせる、持ち運び可能なスキル〕に多額の先行投資をしたがらないことはわかっている。社員が身につけたスキルを持って賃金の高い他社に移ってしまうおそれがあるためだ。それでも、新型コロナのパンデミック前、近い将来に労働市場が逼迫すると多くの企業が考えていたときは、大企業が社員に技能向上の機会を提供するために社内訓練プログラムに投資する例が多数あった。例えばIBMは、AIを使って従業員一人ひとりに合わせた学習コンテンツを提案する全社的な機能を導入し、従業員は年に40時間以上を訓練と専門能力の開発に費やすことを期待されていた。訓練は同社のあらゆる職位階層の全従業員に提供され、2019年には中央値で52時間が訓練に費やされた。[*28] 別の例として、アマゾンは2019年に7億ドルを投じ、当時アメリカで雇用していたアマゾン社員の約3分の1に当たる10万人が2025年まで訓練プログラムを利用できるようにした。これには倉庫で働く労働者向けの職業選択プログラムも含まれる。勤続1年以上の従業員にアマゾン社外の成長セクター(IT、医療)の現場教育と訓練を提供するものだ。

しかしこのようなエピソードでは社内訓練の全容はわからない。知識の空白を埋めるものとして、雇用主がどのような訓練を提供し、労働者がどのような訓練を自主的に受けているかについての全国調査をポール・オスターマンが最近実施しており、[*29] この調査が成人がどのようにしてスキルを獲得し、民間セクターがどのような役割を果たしているかについてある程度の洞察を提供している。24~64歳の約3700名の働く成人を対象とした代表調査では、調査対象者のおよそ半数が過去1年間に雇用主から訓練を受けたと回答した一方で、約20%は自主的に何らかの形の訓練に参加し、そのうちの比較的高い割合(約4分の3)がオンライン受講だった。賃金および技能分布の下方部分にいる労働者が受けた訓練は相対的に少なかった。調査では、雇用主が提供する訓練へのアクセスに人種間・民族間の格差が大きいこともわかった。この格差は、個人の特性、雇用主の特性、仕事の技能要件をすべて制御した後も残った。[*30] 労働人口の半数近くが前年に訓練をまったく受けなかったことが問題かどうかは断定しづらいが、雇用主の訓練投資に大きな人種間・民族間格差が存在することは確実に問題である。これらの発見は、技能向上の機会を平等にするうえで公共政策、公的資金による訓練プログラム、非営利組織が果たせる役割の重要性を示している。

支援の三要素――財政支援、地域、イノベーション

他国で技能訓練システムにおいてさまざまなステークホルダー間の協力を促す堅固な社会契約がアメリカには欠けているが、質の高い訓練を大規模に実施するために今よりも強固な基盤を構築することは可能だ。本節では、今後重要になる三つの要素、すなわち財政支援、地域の関与、イノベーションを取り上げる。

財政支援

労働者が重大な岐路に立っている今こそ必要であるにもかかわらず、教育・訓練プログラムへの支援は全般的に縮小してきた。例えば、政府資金はコミュニティカレッジの収入の65％弱を占めるのみである。スキル訓練システムに対する要求と期待が大幅に高まった一方で、2000年から2019年にかけて、州政府、地方政府、連邦政府の財源からコミュニティカレッジのフルタイム学生1人当りに充てられた資金の総額は実質（インフレ調整後）ベースでまったく増えな

かった。成人の職業訓練、成人の基礎教育、高校のCTEへの連邦政府の財政支援はいずれも減少した。2001〜2019会計年度の労働力投資法/労働力革新機会法（WIOA）関連の支出は46億2000万ドルから28億2000万ドルに減少した（図4・1参照）。大幅な減少であるが、それでも訓練への乏しい財政支援を過大に見せている。WIOA関連の資金はジョブセンターを支援するワグナー・ペイザー法関連の資金と一緒に使われるため、WIOA資金のうち訓練に費やされるのは30%未満と推計される。前述した仲介機関をうまく機能させるために多額の投資が必要であることを考えれば、訓練資金の不足はいっそう問題である。

地域の関与

教育と訓練への地域の関与を取り上げる理由は、労働市場には地域性があるため、そして公的な労働市場プログラム、成人教育、コミュニティカレッジ、学校システムはいずれも、州・地域レベルで（グレーターワシントン〔ワシントンD・C・と隣接する州の一部を含む大都市圏〕のような州境をまたぐ場合も含め）調整ができる州・地域のリーダーが管理するのが最も適切なためである。[31]とはいえ、適切な管理以上に重要な要件がある。それは、雇用主、地域社会の団体および労働組合、政府と教育界のリーダーたちが、システムの構築と支援にそれぞれ関与することである。このような関与の好例を示す州がいくつかある。例えばマサチューセッツ州、ノースカロライナ州、テネシー州は工夫を凝らした労働力開発システムで全国的に称賛されている。しかしベストプラクティスを有する州でさえ、財源の乏しさが制約となってそれを拡張できていない。[32]

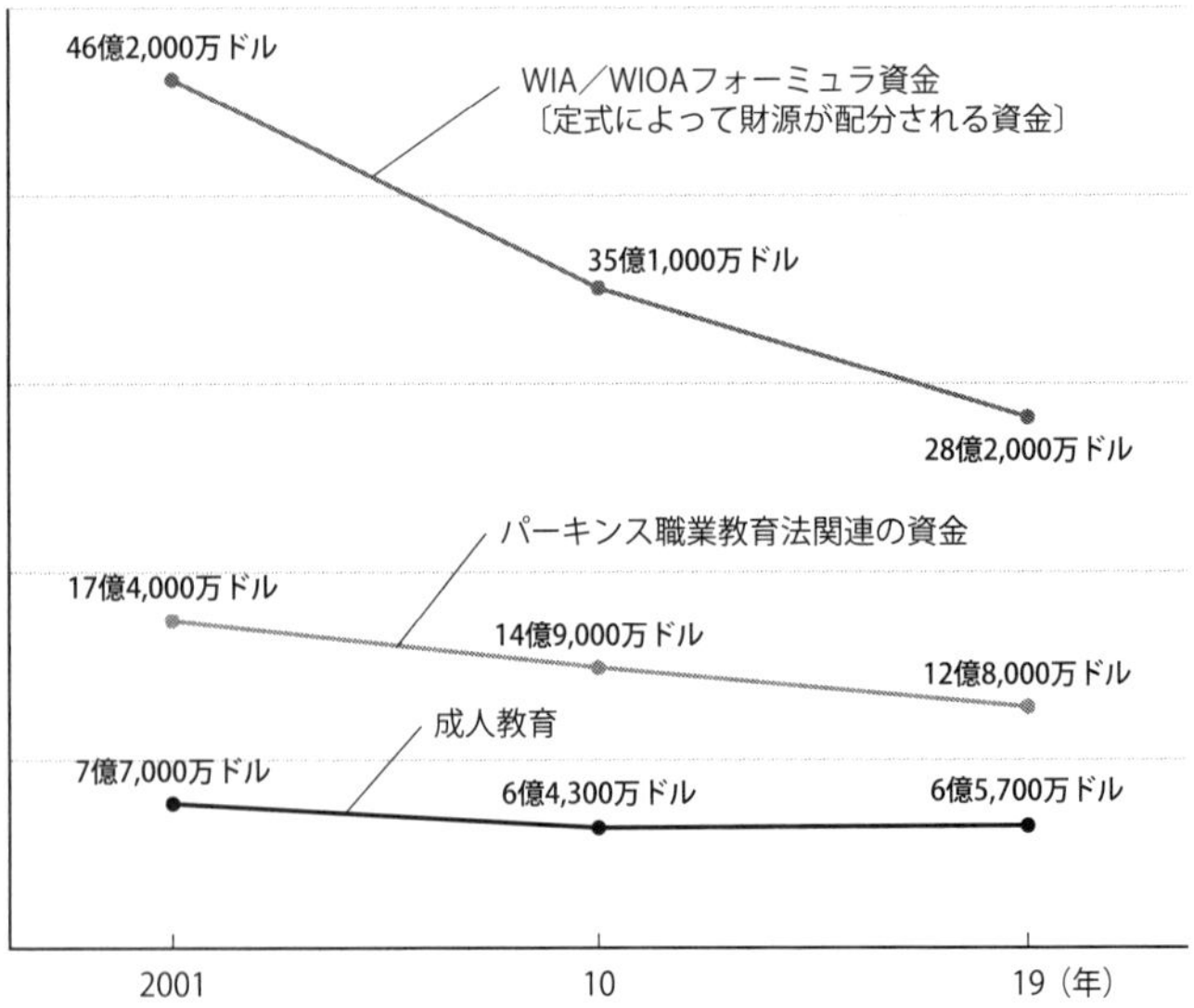

図4.1　2001〜2019会計年度の労働力投資法／労働力革新機会法（WIA/WIOA）関連の支出

出所：National Skills Coalition, https://www.nationalskillscoalition.org/news/blog/budget-analysis-2021-request-has-important-skills-proposals-but-big-cuts-to-labor-and-safety-net-programs.

ボストン市は数十年にわたって地域が協調して関与した例である。1970年代末に、州政府とハイテク企業コミュニティが共同で、職業訓練に官民の資金を提供するベイ・ステート・スキルズ・コーポレーションを設立した。1982年にボストンの企業コミュニティはさらに範囲を広げたボストン・コンパクトを支援した。これはボストンの高校卒業生全員を対象に中等後教育の経済的支援を提供するもので、現在の「プロミス・プログラム」の初期事例である。1996年にベイ・ステート・スキルズは州の経済開発機関と合併してコモンウェルス・コーポレーション（コムコープ）となり、州政府交付金を受けて訓練プログラムを運営するようになった。その一つは在職者訓練イニシアチブで、州の失業保険税の一部から資金が出ている。州の投資は多様な訓練の取り組みを支援し、二つの大手労働組合のプログラムであるローカル1199の医療研修とホテル・レストラン従業員組合のBEST職業訓練プログラムに協力している。もう一つの重要な関係者はWIOAの資金の監視機関、ボストン民間産業評議会（PIC）である。ボストンPICには企業の上級幹部が名を連ねており、訓練プログラムを就職につなげるうえで効果を発揮している。さらにアメリカで指折りの革新的な仲介機関であるJVSとイヤー・アップはボストンにある。2018年にマサチューセッツ州は州内の16の地域労働力委員会と25〜30の地域労働力センターを統合し、州全体の包括組織として連携させるマスハイヤーという連合体を設立した。2020年秋に発表されたマスハイヤーは、アメリカ国防総省が後援する製造業における州の訓練およびキャリアパス・モデルの新たな雛型（マスブリッジ）を提供する予定だ。

イノベーション

調査によって有効なプログラムと実践例が特定されたところで、今後の課題はこれらの成功例をどう拡張し再現するかである。この課題をクリアするには投資、制度改革、官民を挙げた地域全体の関与が必要だ。成功例があることに加え、イノベーションの余地も大きい。本節ではいくつかの有望な方向性をざっと紹介する。

技能基準：クリントン政権下で、ドイツをモデルにした技能基準がアメリカの政策議論の俎上に載せられた。技能基準を導入する根拠は、資格の標準化によって労働者が雇用主間、さらには地域間の移動さえもしやすくなり、雇用主にとっても新規採用者の資格が保証されることである。理論上は魅力的なアイデアだが、重大な疑問点が残る。最大の問題は、求められる能力が厳密に決まっている状況（例えば一部のＩＴ認定資格）を除けば雇用主が資格に関心を払わないように思われることで、この難点は二つの大規模調査で示された[*33]。理由は完全にはわかっていないが、雇用主は資格が仕事に関連すると考えていないようである。技能基準をうまく活用するためには、訓練機関と雇用主が協力して、仕事に関連性の高い基準を定め、信頼できる認証を行う必要があるだろう。

労働市場情報の透明性：官民の関係者がさまざまな取り組みを行い、求人、報酬、技能要件、資格取得の収益率、資格を提供する各種訓練機関の実績、といった地域労働市場の状況に関する情報の収集と普及を改善しようとしている。市場はこのような情報を簡単には開示しないため、情報不足が蔓延しており、これを是正すれば労働者、雇用主、訓練機関はより良い意思決定ができるようになるはずである。個人のスキルと能力のデジタル記録を作成し、一人ひとりがキャリアを積みながら労働市場をうまく渡り歩けるようにする新たな実験も行われている。[*34] 情報の改善に反対するわけではないが、情報そのものは労働者のスキルやスキル提供機関の質に対する投資の代わりにはならない。また、技能提供機関の質に関する公的データを提供するだけでは、劣悪な提供機関を排除するには不十分かもしれない。

個人訓練勘定：公的な職業訓練および再調整システムのあらゆる面で大きな問題となるのは資金不足である。個人訓練勘定（ＩＴＡ）は、成人に税引前所得から教育・訓練のための貯蓄をさせ同額を公的補助することにより、この問題への対応をはかるものだ。[*35] ＩＴＡの一つの課題は、勘定への拠出に困難を覚えるであろう低賃金労働者がきちんとその恩恵を受けられる構造にすることである。もっと深刻な問題はすでに指摘したのと同じで、綿密な品質認証と厳正な監督を行う機関が存在しなければ、質の低い提供業者がはびこって訓練費用を飲み込んでしまうことは歴史が示している。[*36] ＩＴＡは検討に値する案だが、必ずＩＴＡ提供業者が品質基準を満たし、低賃金労働者が訓練を利用できるだけの資金を貯められる（助成金があるとよいだろう）ようにする構造にしなければならない。

オンライン教育の可能性

オンライン学習におけるイノベーションの莫大な可能性――20年前には基本的にありえなかった――とともに、教え方の新しいアイデアが多数生まれている。例えば、オラクルとマイクロソフトが提供しているような認定プログラム、ブートキャンプ、オンライン講座、オンラインと対面を併用した学習、AI教師、AR・VR（拡張現実・仮想現実）学習環境などである。このような新しいモデルの数と範囲を完全に網羅した資料はないが、2016年に設立された非営利組織「クレデンシャル・エンジン」によるものをはじめ、これらを分類し追跡する取り組みが現在なされている。

こうしたイノベーションは教え方を改善し、コストを下げ、拡張を容易にすることがおおいに期待できる。例えば、オンライン授業によってコミュニティカレッジの学生は仕事と教育・訓練をもっと両立させやすくなる。実際に、自宅から50マイル（約80キロメートル）離れたコミュニティカレッジに在籍して完全にオンラインで学んでいる学生の割合が増えている。[*37]

まだ発展の初期段階にあるものの、オンライン教育はブロードバンド技術の普及とともに急速に進化した。大規模公開オンライン講座（MOOCs）は、単科大学と総合大学に初めて導入された2012年以降、世界で1億人が在籍するまでに成長した。[*38] 今はオンライン学習と教育機関での対面授業を併用するハイブリッド型のオンライン教育も出てきている。

タスクフォースメンバーでMITオープン・ラーニングの副学長であるサンジェイ・サーマと

研究諮問委員会メンバーのウィリアム・ボンヴィリアンは、デジタル学習セクターの成長を調査した。サーマらは、すぐに拡張して提供できるツール（従来のプログラムよりも低コストでできることが多い）に注目した。労働者教育の多くは「実践型」でなければならないため、オンラインの部分は対面指導および機器を使う実習と併用すると最も効果が高い[*39]。新型コロナ危機によって、何百万人もの学生と教師が健康と安全上の理由からリモート学習に移行したため、この分野の発展は加速した。パンデミック中ににわかにオンライン化が進み、多くの働く成人がビデオ会議機能を使って訓練や会議やイベントに参加せざるをえなかったことも、オンラインという形態の浸透に拍車をかけた。

オンライン教育ツールのほとんどが世に出て10年に満たないことを考えると、オンライン教育が本領を発揮するまでに課題が多いのは無理もない。個々の独立型のオンライン講座は修了率がかなり低い。ただしこれは意味のある指標ではないかもしれない。オンライン教育の登録の大部分は低コストのお試し受講である可能性が高いからだ。

もちろん、オンライン教育が従来型の教育を単純に再現する必要はない。ある革新的なモデルは、内容が関連する講座群に就職機会につながりうる仕事関連のスキルの認定証をつけて提供している。労働者が生涯学習に取り組む際、オンラインによるスキル提供がスキルの向上やすでにある基礎知識に追加的なノウハウを補うのに役立つようになっている。例えばユーチューブには「ハウツー」動画の宝庫があり、これは広く活用されて今なお拡大を続けている。オンライン学習は従来型の教育よりも労働者教育において重要になりそうだ。もっとも、新型コロナのパンデミック中に学校教育がオンライン化したことで、そのバランスは変わるかもしれない。

コロナウイルスによって皆がいっせいにオンライン学習ツールを使うようになった結果の一つは、このツールの何に最も効果があるかについての研究が加速したことだった。認知心理学と教育学の研究が、オンライン教育に学習科学をどう取り入れるかの指針を多数提供している。常識的にわかる一つの教訓は、双方向的な内容に欠けたビデオ講義は学生が集中力を保ちづらいため、学習価値が低いことである。もっと優れたアプローチは、講義の途中に参加型の討論をはさんだり、プレゼンテーションを1本約10分以下の「一口サイズ」の連続講義に再構成したりすることだ。これはＺｏｏｍによる講義よりも事前収録した非リアルタイムの動画のほうがやりやすい。

二つ目の教訓は「望ましい困難」、つまり学習者が教材に多少手こずる状況を創り出すと学習効果が高まることである。他にも効果的なテクニックには、授業を分散して数週間ないし数ヵ月間にわたって学習の機会が発生し反復されるようにする、成績にあまり影響しないテストとフィードバックを頻繁に行って学習者の関与を増やす、などがある。これらの実践はオンラインプログラムに簡単に取り入れられる。

教育の教材と提供法の革命は学校教育と訓練のやり方を変えるかもしれない。まだ多数の実験が行われているところであり、成功例も失敗例も少なく、形になっていない可能性がたくさん残っている。そして何に効果があるのかを判断するための評価が必要なことも明らかだ。未来の労働者教育は、ＡＩを搭載した個別指導システム、仮想現実および拡張現実、「ゲーム化」し、シミュレーションを利用した学習環境、協働学習ツールなど、出現しつつあるテクノロジーの能力を生かしたものになるだろう。これらのツールは今後ますます技能訓練の提供の中心になり、アクセスを拡大する新しい提供形態とうまく組み合わされるかもしれない。労働者がスキルを向上させ生涯学習を行う必要性が増す時代に、これらのツールは利用者層を広げ、低コスト化し、学習者の関与を高める可能性を秘めている。

第5章

JOB QUALITY

雇用の質をどう改善するか

第2章で述べたように、アメリカは過去40年間、生産性の上昇を大多数の労働者の就労機会と所得の相応の向上につなげてこなかった。その失敗を最も明白に示す一例が、四年制大学の学位や専門資格のない労働者が就ける仕事の質の低さである。アメリカの低賃金労働者は他のほとんどの裕福な工業国の低賃金労働者よりも大幅に所得が少ない。例えば、OECDの推計によると、アメリカの低賃金労働者はカナダの低賃金労働者より約25％所得が少ない。[*1] この大きな所得格差は、法および制度環境、教育システム、産業構造、貿易統合度などアメリカとカナダに共通点が多いことを考えるとなおさら目を引く。特に注目すべきは、カナダの労働者は国が提供する国民皆保険を利用できることだ。

生産性が右肩上がりになる一方でアメリカの労働者の中位賃金はほぼ横ばいだった。両者がこのように分岐したのは、テクノロジー、グローバル化、あるいは市場の力による不可避の帰結ではない。むしろ、一連のアメリカ特有の制度および政策選択が、テクノロジーとグローバル化によってアメリカの労働市場に加えられた圧力の帰結をやわらげられなかった——場合によっては増幅したのである。これらの課題に有効に対処するには制度改革と政策改革を行い、アメリカが数十年にわたるイノベーションおよび人的・物的資本への投資から獲得した社会の富や生産性向上と労働市場機会をかつてのような関係に戻す必要がある。改革には、公正な労働基準の作成と施行、うまく調整された連邦最低賃金政策の立案、失業保険制度の範囲と柔軟性の拡大、アメリカの雇用主ごとの医療保険の提供を持ち運び可能な福利厚生制度に変えることなどが含まれる。

アメリカは純粋な株主資本主義への傾倒——これが低賃金労働者の賃金と福利厚生を抑制する動機になってきたとされる——を見直す必要もある。株主資本主義にはアメリカ経済の豊かなダイナミズムに寄与した功績があるといえるだろうが、すべての労働者のスキルと報酬を支えるシステムの創出を重視するように釣り合いを取らなければならない。

雇用の質の問題を解決するのは容易ではない。労働者の上昇移動の崩壊と保護の縮小は長い年月をかけて徐々に起きたことであり、一夜にして解決はされないだろう。しかしいくつかの必要な施策は明白である。ここでは、アメリカの雇用の質に長期的なインパクトを持ちうる三つの重要分野に求められる政策変更を提言する。すなわち、（1）失業保険改革、（2）意味のある最低賃金規制の制定、（3）団体交渉と企業の意思決定における労働者の利害関係者としての地位回復、である。雇用されているかどうかにかかわりなく医療保険を提供する方法を見出すなど、他の施策ももちろん必要だが、本書では掘り下げない。これに関連して、一部の人々は低所得者を経済的に安定させるためのユニバーサル・ベーシックインカム（ＵＢＩ）を提唱してきた。先進諸国の初期のエビデンスは所得保証が人々の経済的福祉を向上させうることを示唆しているが、[*2]本書で注目するのは雇用の質を上げる政策である。ＵＢＩは一般的に工業国ではこの目的を果たさない。ただし他の便益（および費用）はあり、綿密な研究を行うに値する。

失業保険の弱体化

失業保険は非自発的に失業した労働者にとって、失業の経済的打撃に対するアメリカの第一の防衛線である。新型コロナ危機は失業保険制度の弱点を明るみに出した。失業保険制度は１９３５年に成立した社会保障法によって創設され、州政府と連邦政府の複雑な提携事業として運営されている。

失業保険はもともと一定期間だけ少額の給付金を提供することを意図したものだった。しかし制度の財源として確保される給与税からの資金が蓄積するにつれ、１９５０年代に給付金を全国一律にして金額を上げる動きがあり、離職前の賃金のおよそ半額（上限あり）を26週間以上にわたって支給するようになった。この構造が数十年間おおむね維持された。しかし１９８０年代初めから、反税感情が高まり多くの州で財政が悪化したため、賃金置換率が下がり始めた。

メリーランド大学のキャサリン・エイブラハム教授がタスクフォース諮問委員会メンバーのスーザン・ハウスマンとＷ・Ｅ・アップジョン雇用研究所のクリストファー・オリアリーとともに、

失業保険制度を綿密に調査した。[*3] エイブラハムらの調査は、制度の対象者は誰か、名目上の対象者の中で給付の資格を得るには何が条件となるのか、を決めるルールに対してとうに行われているべきだった修正を取り上げている。例えばアメリカの失業保険制度は自営業者を対象外としている。この自営業者という職業分類は、伝統的には、事業を所有し他者を雇用している人々を含む。しかし、メイド、ベビーシッター、ギグワーカーなど、オンラインプラットフォームやモバイルアプリを介して仕事を得る比較的低賃金の多くのサービス労働者も、ここに含まれるようになってきた。「技術の変化その他の要因により今後は自営業者の割合が増えることが見込まれ、そのような労働者の多くは大きな所得変動のリスクにさらされそうだ」とエイブラハムらは書いている。

現実には、企業は自社が使う労働者の分類にある程度の裁量権がある。エイブラハム、ハウスマン、オリアリーが指摘したように、分類の判断が規制当局から注意を受ける可能性はほとんどなく、多くの企業が失業給付の受給資格の発生を避けるために労働者を独立契約者に分類するきらいがあると一部で懸念されている。自社の労働者を請負契約者に分類することが多い大企業はその一例だ。

これを争点としたある大きな戦いでは労働者側が敗北した。2020年の大統領選挙当日に行われた住民投票で、料理宅配のドアダッシュ、配車サービスのウーバーとリフトが資金を投じて提案した、今後も自社のドライバーを独立契約者に分類すると定める住民立法案をカリフォルニア州の有権者は支持したのだ。これは得票をめぐりカリフォルニア州で史上最高額の資金がかけられた住民投票となり、その影響はほとんど間を置かずして幅広い産業に及んだ。例えば大手スーパーマーケットはすぐに、自社の配達ドライバーを解雇してアプリ経由の配送サービスに置き換えると発表した。

たとえ失業保険の対象になっている職に就いていても、低賃金のパートタイム労働者は受給資格を得にくい場合がある。２０１９年初め現在、アリゾナ、インディアナ、ミシガン、オハイオ、サウスカロライナの5州の労働者は、州が定める最低賃金で週20時間、６ヵ月働いても、受給資格が発生するだけの所得に達しない。それ以外の23州でも、他の受給資格要件を満たしていても、州が定める最低賃金で週20時間、３ヵ月間の労働では所得が不十分である。

このようなルールは、最も不安定な職に就いている最も低賃金の労働者の一部を、失業保険制度が保護できていないことを意味している。彼らは伝統的な直接雇用の職で雇用されており、原則的には制度の対象であるにもかかわらずだ。小売業、ホスピタリティ産業、その他のサービス業でスケジューリング・アルゴリズムが成長したことも、問題の一因である。これらの産業の労働者は特に、働く時間やスケジュールの変動にさらされ、受給資格を得るために必要な所得実績が積みにくいのだ。

すでにこれだけ制約のある制度の中で、いくつかの州はさらに利用を制限するような政策を実施してきた。例えばフロリダ州は２０１１年に、英語でしか利用できず、申請者にインターネットスキルを証明する45項目の質問に答えさせるオンラインシステムに移行した。後に違法性を指摘されてこの申請要件は変更されたが、申請手続きの難しさは変わっていない。

仕事の構造変化に失業保険制度が追いついていないことを示す一つの指標が、給付を受ける失業者の割合の低下である。受給者の割合は過去40年間おおむね下降傾向にあり、上昇したのは労働者がフルタイムの直接雇用に移れるほど経済が良くなった時期のみだった。2011年以降、失業保険を受給する失業者の割合は30％を切ったままだ。通常の州の失業給付を受ける失業者の割合はそれまでは長期にわたって上下していたが、かつて1980年代半ばに一度だけその水準を下回った。受給率は2008〜2009年の景気後退時に40％まで上がったが、以降は下がり、回復していない。

受給率を押し下げたのは、一握りの州の大幅な給付削減だった。主に南東部のたった8州で、失業給付を受ける失業者の割合が10〜15％に減少したのである。逆に、主に北東部の8州では給付を受ける失業者の割合が40％超にとどまっている――中でもマサチューセッツ州とニュージャージー州では受給率が50％を優に超える。「一部の州には、失業保険を実りある求職活動を支援して適職とのマッチング効率を上げるためのプログラムと考えず、最小限に抑えるべき単なる事業コストだとする政策姿勢がある」とエイブラハムらは指摘する。

受給率低下の一つの原因は、2008〜2009年の景気後退にたどることができる。このとき、失業の急増によって多くの州で信託基金――景気後退を乗り切るために好況時に蓄えていた資金――が枯渇した。一部の州は近年の景気回復時にその信託基金を再建しようとするかわりに、給付額または受給期間の上限を縮小するという対応を取った。

失業保険制度を利用できる労働者の割合が低下しているのは、経済の変化による面もある。研究者は、労働者の失業保険受給率と労働組合加入率に正の相関を見出している。[*4]「理由の一つと考えられるのは、解雇された組合員に、労働組合が失業保険の申請手続きに関して有益な情報を提供しているのではないかということだ。そのため、労働組合加入率の低下が受給率の低下に影響した可能性が高い」とエイブラハムらは指摘している。よく挙げられる他の要因としては「非標準的な」働き方の増加と就職市場の二極化があり、そのせいで労働者が失業給付の受給資格を得られないような不安定な仕事の割合が拡大している。

これらの事実は、労働者の社会的セーフティネットに不可欠な構成要素である失業保険制度を現代化し強化することが急務であると示唆している。現在の新型コロナ危機が浮き彫りにしたように、非自発的な失業の原因は無数にあり、技術的要因による失業はそのうちの一つにすぎない。連邦政府が2020年の春に新型コロナ危機に対応する景気刺激策の一環として失業給付の拡大を可能にしたことは、功績といえよう。

エイブラハムらは、失業保険制度をもっと利用しやすく公平にするための合理的な修正案を、四つ提示している。(1)受給資格の審査に、労働者が直近の所得を申告できるようにする。(2)失業保険の受給資格の根拠を所得ではなく労働時間にする(現在は所得を根拠にしているせいで、低賃金労働者が失業保険の給付を受けにくい)。(3)失業者にフルタイムの仕事で求職活動をさせる要件を外す。(4)失業してはいないが労働時間または所得が大幅に減少した労働者をもっと守れるよう、部分的失業保険の改革を行う。

アメリカは失業保険制度を現代化することに加え、独立契約者の分類法が本当に独立した立場の労働者を含むように慎重に考慮しなければならない。アメリカは実質的に二種類の法令を雇用に適用している。一つは従来のフルタイム直接雇用の従業員のために義務付けられた失業保険、労働報酬、福利厚生を保証するもの、もう一つは請負契約者、家事労働者、ギグワーカー、そして多くの場合パートタイム労働者など「独立」労働者に分類される人々にほとんど保護を提供しないものである。二つの雇用分類の区別が時代につれあいまいになってきたことは明らかだが、雇用主が従業員を独立労働者に分類し直す誘因は増すばかりだった。この問題をすぐに解決する方法はないが、雇用に関する政策と規制が仕事の構造変化についていくために改革が必要なことははっきりしている。

最低賃金水準の上昇

低賃金労働者の雇用の質に影響を与える主要な手段は最低賃金の水準、すなわちほとんどのアメリカの労働者が法の定めによって支払いを受けられる最低時給である。[*5] 新型コロナが流行する直前の景気拡大期のように労働市場が逼迫していた間は、雇用主は州や連邦政府の法律が求めなくても、必要な労働者を獲得し維持するために給料を上げざるをえなかった。雇用主の間では、低賃金労働者がわずかな賃金の差を求めてすぐに転職していくため、たえず新しい労働者を採用し訓練しなければならず、離職によるコストが高いと不満が多かった。しかし実は、逼迫した労働市場で雇用主が労働者を引きつけて維持するために賃金を上げるのは、健全な競争が行われている証拠である。

最近まで、州政府や連邦政府から賃上げの圧力はほとんどなかった。低賃金を維持することは多くの州政府の官僚から、雇用主を自分の州に誘致して事業所を開設してもらうための鍵だと考えられていた。他方で、インフレに応じて国の最低賃金を引き上げる断続的な試みは、イデオロギーと企業からの強い反対によって常につぶされてきた。自由市場論者の保守派が競争市場において最低賃金は何の役割も果たさないと信じる一方、企業のほうは連邦政府が全国的な最低賃金を設定すべきではないと主張したがる。例えばミシシッピのような貧しくて生活コストの安い州に適した最低賃金は、裕福なマサチューセッツ州やニューヨーク州よりずっと低いはずだから、最低賃金の制定は州に任せるのがふさわしい、という理屈である。この主張には一理ある。連邦政府の最低賃金規制は全国的な賃金の下限を定め、州や地方自治体がそれをもとに最低賃金を設定できるようにするべきだ——実際に現在は州による最低賃金の設定が定期的に行われている。

１９７９年から２０１６年にかけて、州の最低賃金の大きな変更は１３８回あった。[*6]ニューヨーク、マサチューセッツ、ワシントン、カリフォルニアのような賃金水準と生活コストが高い州は当然ながら、他の州よりも最低賃金を高水準に設定する傾向がある。例えばワシントン州シアトル市は２０１４年にアメリカの都市として初めて時給15ドルの最低賃金を義務化した。この措置に企業の間では衝撃が走り、コストを避けるために企業が市外に出ていくきっかけになると各社は主張した。賃上げは時間をかけて段階的に行われ——中小企業は15ドルの最低賃金に引き上げるまでに数年の猶予を与えられた——２０２１年にようやくすべての雇用主が義務付けの対象となる。一方、フロリダ州の有権者は、州の最低賃金を6年かけて段階的に時給15ドルに引き上げることを支持した。有権者の60％以上がこれに必要なフロリダ州憲法の改正を承認したのである。

1990年代以前はほとんどの州が独自の最低賃金を設定せず、連邦政府に最低賃金設定の責任をゆだねていた。この30年間に州が最低賃金の引き上げに介入するようになった理由は、図5・1から容易に見て取れる。連邦政府が定めた最低賃金の実質価値が1980年からほぼずっと――短期間だけ軌道修正したものの――下がってきたからだ。この期間にイデオロギー上の反対と企業のロビー活動によって最低賃金の名目価値はほぼ据え置かれ、インフレが実質価値を容赦なく侵食した。2020年には、アメリカ連邦政府が定める最低賃金の実質価値は、70年前の1950年の実質価値とほぼ等しく、1979年の実質価値を約35％下回っていた。

入手可能な最も優れたエビデンスは、うまく調整した最低賃金が世帯の貧困を軽減する一方で、雇用に与える負の影響はあまり大きくないかほとんどわからない程度であることを示している。特に、アメリカの賃金分布の下方部分に偏って多い人種的マイノリティの労働者の所得を支える効果が高い。それ自体が意図的な政策決定だった連邦最低賃金の実質的な低下は、アメリカの所得格差を拡大し、低賃金労働者の所得増を阻み、加入者を代表して交渉する際の労働組合の力をさらに弱めた可能性がある。州はそれぞれの事情に合わせて最低賃金を連邦最低賃金より高く調整する重要な役割を負っているが、連邦政府にも、すべての州が守るべき下限を設定することによって、低賃金労働者を支援し政治的な障害を取り除く役割がある。

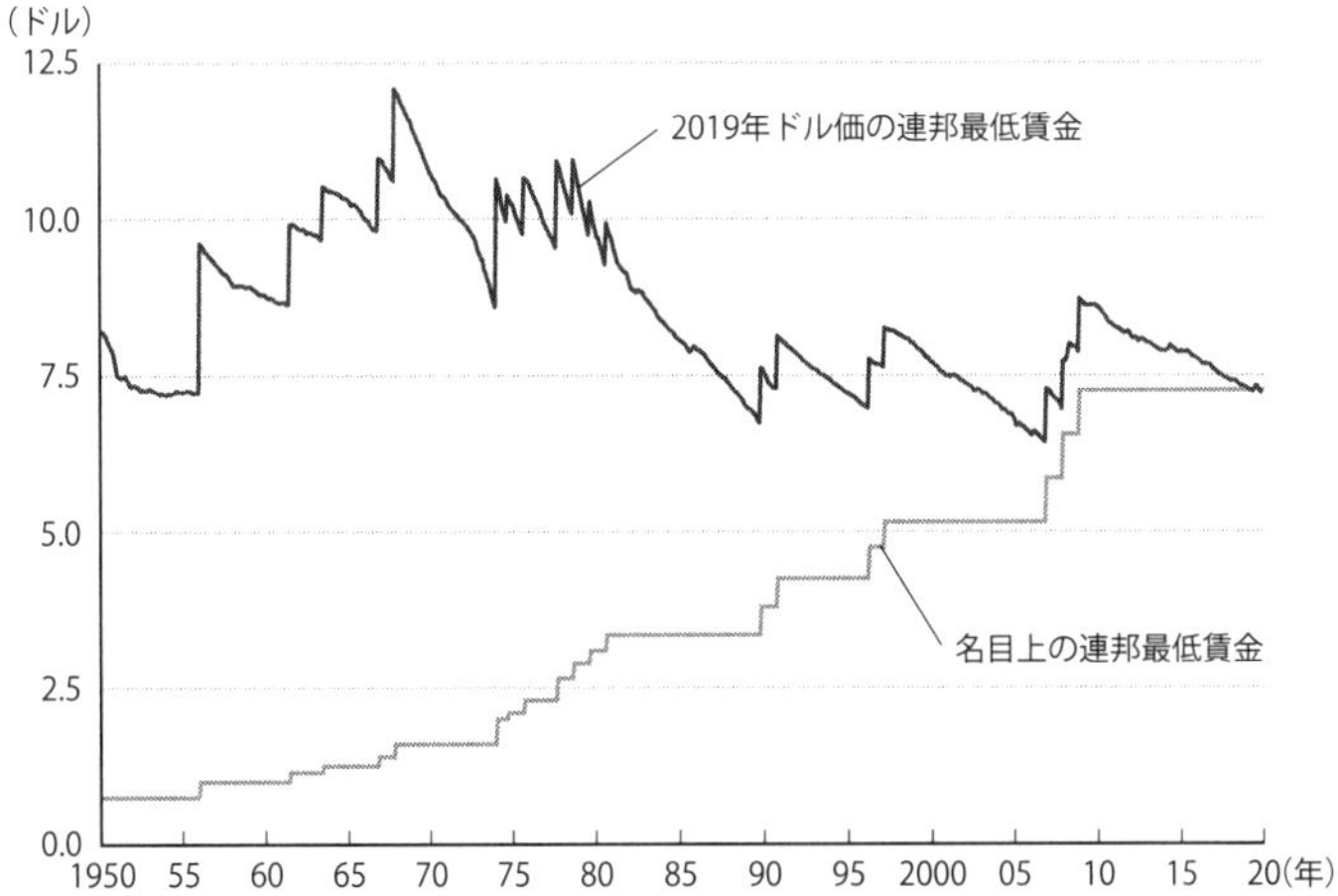

図5.1　アメリカ連邦最低時給（1979～2020年）

出所：US Bureau of Labor Statistics and Federal Reserve Bank of St Louis (fred.stlouis.org). 実質最低賃金は都市部消費者物価指数を用いて計算した。全米都市平均の全品目、2019年12月を100とする。

最低賃金の引き上げには、雇用を破壊せず、むしろ低賃金労働者の賃金を引き上げる正の波及効果を地域に生み出す可能性がある。連邦最低賃金の実質価値を現在の全米中位賃金の妥当な割合まで戻すことは、経済的純コストをほとんどかけずに労働者に大きな利益をもたらすだろう*7。インフレの侵食効果に対抗するために連邦最低賃金の実質価値を中位賃金に合わせて調整すれば、利益はさらに複合的に増えていくだろう。第一に、低賃金労働者に被害をもたらしている、実質的な最低賃金水準が徐々に侵食されるサイクルが止まる。第二に、最低賃金水準が多くは住民投票の結果いきなり上がりやすい現状に比べ、中位賃金にスライドさせた最低賃金は、企業が今後直面しそうな賃金制約の不確実性を下げるだろう。先に述べたように、地方自治体は現在、連邦最低賃金より高い最低賃金を設定する能力を持っており、それを維持すべきである。

上手に選択した最低賃金規制が雇用への負の影響を最小限に抑えつつ労働者の所得を上げるとはいっても、このような政策が「代償なし《フリーランチ》」であるわけではない。うまく調整された最低賃金規制は、雇用主と消費者の財布から低賃金労働者の給料にお金を移す、所得再分配（税引前）の一手段として機能する。最低賃金の引き上げは企業の収益を減らし、事業コストが上がるため値上げにつながりやすいことが、研究によって裏付けられている。コスト増は重大な帰結をもたらしうる。ドイツでは２０１５年に全国最低賃金が大きく引き上げられ、それによって非効率な企業が減少し、競争相手が減った分だけ効率性に優れた企業が業績を伸ばせた。この政策変更によって、賃金が上がった労働者と市場シェアを増やした大企業は利益を得たが、生産性が低くて労働コストの増分を賄いきれなかった中小企業は廃業に追い込まれた。この事実と、おそらくは消費者に転嫁されるコスト増は、政策選択が必ずトレードオフを伴うことに気づかせてくれる。[*8]

雇用の質を上げる様々な制度

最低賃金の他にも、労働市場の底辺にいる労働者の雇用の質に影響を与える要因は多数ある。それは例えば疾病手当、家族医療休暇、産休手当が使えることであり、これらはいずれもアメリカの雇用主には義務付けられていない。[9] また、週に一定の有給労働時間があてにできること、働くスケジュールが安定しているか事前に知らされていることもそうだが、これらもまた義務化されておらず、提供されていないことが多い。仕事に不可欠な属性にはさらに、安全な労働条件、就労中の怪我や死亡に対する金銭的補償、医療保険へのアクセスがある。これらは裕福な工業国の中ではめずらしく、アメリカでは国からではなく主に雇用主を通じて提供されており、概して低賃金労働者には提供されていない。労働市場の底辺にいる労働者に安定的で保証された雇用を提供することに関して、ほぼどの面においても、アメリカは裕福な工業国の中で下位に位置している。[10]

アメリカの低賃金労働者が置かれている不安定な状況を示す例の最たるものは、アメリカの医療システムにある。医療自体は教育歴や訓練歴があまりない人々に働く機会を与える優良なセクターと見られているが、医療機関に直接雇用されていない人々を取り巻く事情はかなり厳しい。アメリカ労働統計局（BLS）のデータによると、2019年の在宅看護・介護職の中位賃金は2万5280ドル（時給12・15ドル）、看護助手がそれよりわずかに高い2万9640ドル（時給14・25ドル）だった。「在宅介護職はスキルのない付き添いか体のいいベビーシッターのようなもので、教育水準も潜在能力も低いと見なされている」とポール・オスターマンは指摘し、このような労働者には女性と移民あるいは人種的マイノリティが偏って多いと付け加えている。[11] 一般的ではない例だと思われるかもしれないが、この二つの職種だけで2019年には500万人以上のアメリカの労働者が働き――約25分の1に相当する――、今後10年のうちにその数は125万人増えると見込まれている。[12]

在宅看護・介護職と看護助手は州の「実践の範囲」ルールによって制約を受けており、薬剤の投与や多くの日常的な医療処置の補助をすることができない。実践の範囲ルールを変更すれば、このような労働者が健康状態の観察や傷の手当のようなサービスを行う権限を与えられ、訓練を受けられる。それによってこれらの職の所得が増え、今後25年間に倍増すると見込まれる高齢者と身体障害者への医療提供拡大に不可欠であるとの認識から、地位も上がる可能性が開けるだろう。しかしオスターマンがインタビューした一部の雇用主とアナリストはこの可能性を否定している。これらの労働者は新しいスキルを学ぶモチベーションと能力が乏しいと考えているためだ。だがおそらくそれよりも大きな障害は、認定看護師が自分の賃金や給料の水準に影響するのを恐れて、訓練度の低い医療提供者に自分が行っているタスクの多くをさせることに抵抗することだろう。

利害関係者としての労働者

アメリカ人が他の先進国の人々以上に自動化の負の影響を心配していることは、明らかにアメリカの株主第一主義がもたらす社会的費用である。[13] 発展の恩恵に自分があずかれる保証はないと労働者は考えており、それは正しい。アメリカは市場経済国の中で、純粋な株主資本主義――企業のただ一つの目的は株主価値の最大化であるという考え――を崇拝する唯一の国である。株主資本主義は、従業員を他の無形資産と同様に評価すべきである、つまり従業員には市場価格で報酬を支払い、企業にとって従業員の価値がコストを下回れば廃棄すべきであるとしている。この考え方によれば、解雇と工場閉鎖が個人と社会と公共にもたらすコストは意思決定において真剣に考慮するにあたらないことになる。株主資本主義がアメリカ経済の実り多いダイナミズムの一部に寄与しているのはたしかかもしれないが、純粋な株主資本主義は見直す時期が来ている。

アメリカ企業はその見直しをしようとしている。2019年8月に、ビジネス・ラウンドテーブル――アメリカの多くの大企業のCEOで構成される団体――が新たな「企業の目的に関する声明」を発表した。181名のCEOが署名し、すべての利害関係者、すなわち顧客、従業員、サプライヤー、地域社会、株主の利益のために自社を指揮すると誓う内容だった。同団体の原則が企業の主たる存在理由は株主に奉仕することだと述べなかったのは、1997年以来初めてのことである。JPモルガン・チェースの会長兼CEOでグループ会長も務めるジェームズ・ダイモンは当時次のように述べた。「アメリカン・ドリームは生きているが、ほころびを見せ始めている[*14]」。

大胆な声明を出すのは簡単である。声明に続いて実際に意味のある変化が役員室で起きるのかどうかは、今後を待たねばならない。ウォルマートやアマゾンのように、大企業が基本給の水準を法定最低賃金の水準より引き上げた目立つ例はある。このような企業が初任給を引き上げると、同じ労働市場で事業を行う競合他社も自社の賃金と福利厚生を改善する[*15]。しかし、単に「労働者は利害関係者である」との認識から企業が賃上げをするだろうとは考えないほうがよい。賃上げにはコストがかかる。もし賃金増に見合う生産性の向上がなければ、経営者が役員会や株主に対して賃上げを正当化できるかどうかは不透明だ。[*16] 一般に、労働者にとってより良い仕事を創出するには、企業が賃金を上げて労働者をより効果的に使う必要がある。後者が欠けていると、企業は賃上げは利益を生まない、あるいは実行不可能だとさえ考えるかもしれない。低賃金労働者を雇用するアメリカの二大企業として、アマゾンとウォルマートは基本給を引き上げる前、雇用慣行について世間から大きな批判を浴びていた。世間の圧力は企業が賃上げをする経営的論拠を強める（例えばマイナスの評判を避けるため）が、アマゾンやウォルマートほど人目につかず利益も大きくない大多数の企業には同じ効果を上げそうにない。賃上げを雇用主にとって魅力ある（あるいは避けられない）ものにするインセンティブ作りには、明らかに政策が一定の役割を果たす。[*17]

労働組合の意義

賃金と労働条件をめぐって雇用主と直接交渉する労働組合は、法による規制や世論の圧力の代わりとなる伝統的な選択肢である。労働組合の加入率は、他の多くの先進工業国に比べてアメリカの労働者が不利な境遇に置かれてきたもう一つの事例だ。組合加入率は多くの国で低下してきたが、アメリカの加入率は図5・2が示す通り他のＯＥＣＤ諸国を大きく下回る。かつては労働組合が労働者の利益を代表し、経営陣を牽制する重要な役割を果たしていた。第二次世界大戦後には労働組合が明らかに強くなりすぎ、経営の柔軟性を制約し、コストを上げ、技術向上のインセンティブを削いだ時期もあったほどだ。[*18]

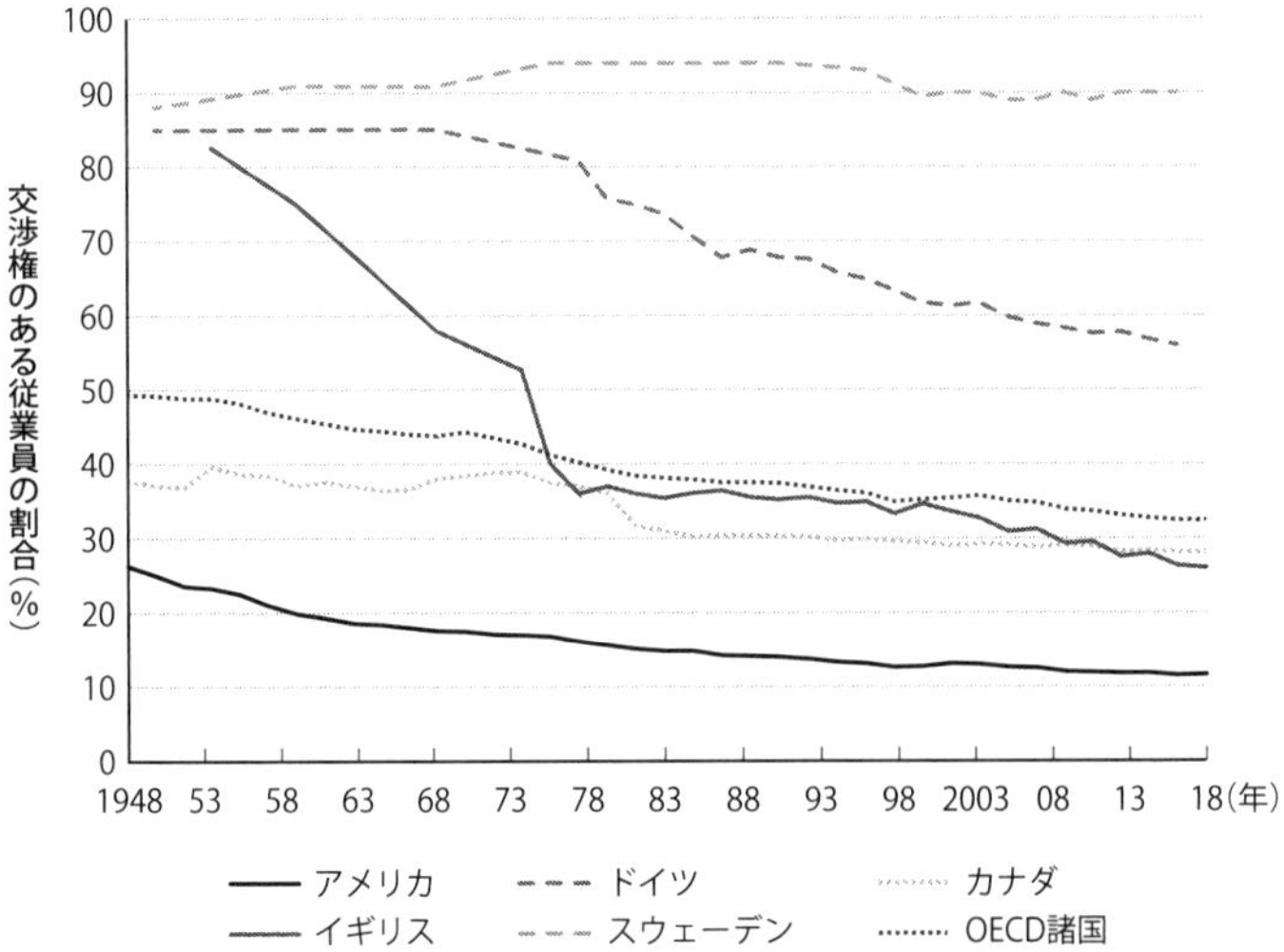

図5.2　OECD諸国で団体交渉の対象となっている労働者の割合（1979～2017年）

出所：OECD Stat: Collective Bargaining Coverage. ICTWSS database version 6.0 (June 2019).

労働組合の交渉力は加入率とともに低下していった。しかしその一方で、一般国民の組合支持は近年むしろ高まり、2008～2009年の景気後退後は急激に上昇した。労働組合に対する一般社会の考えを1940年から追跡してきた調査会社ギャラップ社によれば、現在アメリカ人の65%が労働組合に「賛成」だと答えている。これは2000年以降の最高水準である。[*19]

労働組合に好意的な考えを持っているのは一般国民だけではない。アメリカの労働者が職場で自分が十分に代表されていないと感じ、さまざまな仕事の属性の中でも特に労働条件、職の保障、訓練、職務設計に影響力を持ちたいと願っていることが、調査のエビデンスで明らかになっている。タスクフォースメンバーのトーマス・コーカンとMITスローン経営大学院およびコロンビア大学の研究者らは、アメリカ人の大多数が報酬、職の保障、昇進、個人の尊重、ハラスメントなど多岐にわたる職場の問題や、自分の仕事と自分が働く組織全体への新テクノロジーの適用方法について、本来持ってしかるべき影響力を持てていないと感じていることを見出した。コーカンらはこれを「ボイス・ギャップ〔発言力格差〕」と定義している。労働者の3分の1～2分の1が、雇用主の価値観、訓練、差別、自分が働いている組織の製品やサービスの質、職場の問題解決のやり方など、他の仕事関連の問題についても、この格差があると思うと述べている。同じ調査では、組合加入への労働者の関心が近年高まっているという結果も出ている。現在、労働組合に非加入の労働者の約半数が機会があれば組合に加入すると答えている。1970年代と1990年代にそう答えたのは約3分の1だった。フォローアップ全国調査でコーカンらは、労働者がどのような形の代表制を望むかを判断するために、実験的な調査設計を用いた。企業単位ないし業界単位の団体交渉、雇用慣行に関する経営陣への助言、労働者代表の取締役会への参画はいずれも重要と回答された。[*20]

労働組合の存在意義を肯定する経済学上の論拠は捉えにくいものではあるが強力である。完全競争が行われている労働市場――学部生の経済学の教科書によく出てくるような――では、労働者は「限界生産物」つまり経済価値に対する正味の貢献に等しい支払いを受ける。その一方で、厳しい競争により企業の利潤はゼロに向かう。この理論的な状況では、労働者が賃上げを求めることも（すでに産出物への貢献に見合った支払いを受けているため）、企業が労働者に利潤を分配することも（利益がないため）持続不可能だろう。したがって、経済理論では、この理想の状況において自由市場の成果を改善するために団体交渉をする余地はない。

しかし現実には、労働市場は多くの面で不完全である。競争が完全ではない、つまり労働者が産出物への貢献に対して十分な支払いを受けず、企業が多大な利潤を上げている可能性がある。このような交渉力の非対称性に加え、企業と労働者の間には情報の非対称性があり、それによって企業が従業員を搾取したり（健康上や安全面の危険を従業員に隠すなど）、従業員が生産的なアイデアや十分に根拠のある懸念を口に出すことを禁じたりしている可能性がある。さらには、企業が株主利益を最大化する反面、従業員と地域社会に損害を与える意思決定をする誘惑にかられるかもしれない――わずかな私的利益のために大きな社会的費用を伴う工場閉鎖を行う、従業員に無用の健康上・安全面のリスクを負わせる、従業員に搾取的な労働条件を飲ませる（例えば賃金窃盗や意図的な違法行為）などだ。教科書通りの競争的な労働市場から逸脱したこのような条件があるのだから――多くの政策担当者や経済学者が普遍的ではないにせよよくあることと同意するはずだ――、公正な賃金と利潤分配を交渉し、労働者または企業ないし双方に害を及ぼしかねない情報の非対称性を軽減し、損益計算書では説明されない企業判断の社会的帰結を企業に認識させ説明させるための、労働者を代表し誠意をもって交渉する組織の存在理由が生じる。

これを裏付けるように、労働組合が加入者の経済状況を引き上げるという強いエビデンスがある。ＭＩＴ大学院生のガブリエル・ナミアスが指摘したように、アメリカ人労働者が労働組合員になると15～20％ポイントの賃金増が見込まれ、組合員のほうが有給の家族・医療休暇などの福利厚生を受ける可能性が高く、ユニオン・ショップ制〔雇用後の一定期間内に従業員が労働組合に加入しなければならないとする協定〕は人種間の賃金格差の小ささと関連する。[*21] 第二次世界大戦後から1970年代の大部分にかけてとは異なり、賃金が生産性と足並みを揃えて上がらなかった原因の一つは組合加入率の低下である、と調査では認識されている。また労働組合の加入率は黒人労働者が目立って高いため、最低賃金と同様に、組合の賃金交渉力が低下したことによって黒人労働者が特に不利益を被っている。[*22] 当然ながら、雇用主は組合に代表される労働者ほど労働組合に熱心ではない。労働組合が雇用主の生産性を阻害するのか高めるのかについての決定的なエビデンスはないが、経営の柔軟性を制約すること（これは経営者に受けが悪い）はまず疑いがなく、もし交渉に成功すれば、企業のものになったはずの利潤を労働者の賃金増と福利厚生の充実に振り向ける。

イノベーティヴな組合

労働者が代表制を求めるのは合法であり、実際にほとんどの工業国ではまったく問題にされない。しかし労働者の代表制を改善する方法を見出すにはイノベーションが必要になるだろう。代表制の再建は、テクノロジーをはじめとする生産性向上の源泉から生じた利益を賃金と労働条件の向上に確実に回す一助となりうるが、職場における労働者の代表制の再建にたった一つの理想的な（あるいは広く同意が得られる）モデルないしメカニズムはなさそうである。

難しいが重要なイノベーションが求められているのは、1935年の全国労働関係法（NLRA）改革の実行である。NLRAが提供する労使関係の統治の枠組みはあまりにも制約が多く、労使の代表者が協力して交渉する機会を制限してしまっている。ドイツのような国々では、一部の企業の取締役会に労働者代表を置くことを義務付け、もっと一般的には労働者を代表する労使協議会を提供している。それとは対照的に、NLRAが御用組合を禁止したために、労働組合のない企業の労使協議会がアメリカでは違法になっている。労働者が取締役会に参加できるかどうかという問題についてはNLRAには言及がない。また同法は農業労働者と家事労働者を対象外としている。これはニューディール時代の人種差別の遺産で、南部州の議員が、新法によって政府が義務付けた保護と福利厚生の対象から黒人労働者を外すことに成功したためである（当時、南部では農業労働者と家事労働者の圧倒的多数が黒人だった）。このような歴史があるにもかかわらず、そして同じく黒人を社会的保護から除外していたニューディール時代の他の法律とは異なり、NLRAは成立から85年間も大幅な修正をされてこなかった。例外は、組合の活動と権限の一部を制限することによってNLRAの効力を弱めた1947年のタフト＝ハートレー法である。

大きなイノベーションを進めている組合もある。例えば、ホテル、カジノ、飲食産業のホスピタリティ従業員を代表する組合であるユナイトヒアは、新テクノロジー導入対応に特化した交渉を行ったためずらしい事例だ。ユナイトヒアは2018年から、新テクノロジー導入の最長6ヵ月前に事前通告すること、テクノロジーに関する雇用主との交渉権、再訓練の提供、解雇手当、新テクノロジー導入の結果解雇された労働者を新規の求人に優先的に採用することについての協定を求め、大手雇用主のすべてと交渉した。ただしこのような取り組みは、もっと根本的な問題である職の保障のなさから労働者を守るのにはほとんど役立たなかった。例えば、パンデミック中に旅行・レジャー業界の景気が大きく落ち込むと、人が大量に解雇された。

職場での労働者の発言権を拡大する方法に関して実験的な試みが急増している。「最低時給15ドル」運動はアマゾンやウォルマートなどの大企業に圧力をかけ、このような取り組みを調整する労働組合が社内になくても初任給を引き上げることに成功した。こうした団体の戦術は、大企業の劣悪な労働条件や低賃金に消費者の関心を引こうとするものが多い。2021年初めに、グーグルの従業員たちは400名余りのエンジニアその他の労働者を代表する労働組合を（秘密裏に）結成したと発表した。ホワイトカラーが大多数を占める企業ではめずらしい例である。伝統的な労働組合とは異なり、この組合は同社の26万人いるフルタイム労働者と契約労働者のごく一部を代表する「マイノリティユニオン（自発活動労組）」で、契約をめぐる交渉は行わず、職場に関する重要な問題に変化を求める団体となる予定だ。

新しい形の団体行動を実験している労働運動を研究したMITのナミアスは、伝統的な労働者保護を受けられなかった団体が、雇用主の弱点に圧力をかける「二次的労働者アクション」を用いてきたと指摘している。これらの団体はメンバーを勧誘し維持する独自のインセンティブを作り上げ、「総合キャンペーンとストライキ行動を組み合わせ、善意の雇用主が公正になるのを助け、そうでない雇用主に制裁を加える多彩な戦略を持っている」[*23]。よく知られる例にユナイテッド・ファーム・ワーカーズ（ＵＦＷ）がある。農業労働者はＮＬＲＡの保護から特に排除されているが、ＵＦＷは組合費の支払いを義務付けられないにもかかわらず、数万人単位の労働者を組織する方法を見つけた。ＵＦＷは大手農業企業が自分たちと交渉せざるをえなくなるように、定期的に二次的ボイコットを用いた。例えば１９６６年には、組合員の労働者がストライキを行っている農場で製造された酒の販売店に対して不買運動を組織した。ＮＬＲＡの下では労働者自身が雇用主の顧客を標的にするのは違法である。つまりこれは、団体が自分たちでなければ使えない組織化の手段を活用した例だ。

農業労働者団体は今でも二次的ボイコットを用いている。フロリダ州の農業労働者を代表するイモカリー労働者連合は、自分たちの作物を販売する小売業者に圧力をかけ、農業労働者の賃金と福利厚生の向上を支援するために1ポンド当り数セント支払わせることに成功した。

このような新しい形態をとった組織化の多くは、従来よりも幅広い社会問題に取り組み、伝統的な労働組合モデルを踏襲しようとはしない。２００7年に創設された全米家事労働者同盟（ＮＤＷＡ）は雇用主との団体労働協約を交渉する活動を行わない。それよりも加入者へのサービス提供と労働者の権利を代弁することが活動の中心である。ＮＤＷＡには75の加盟団体と支部があり、加入者は25万人以上いる。ＮＤＷＡは他の団体と協力し、２０１０年にニューヨーク州がアメリカ初の家事労働者権利章典を採択するよう働きかけた。「２０２０年10月現在、ＮＤＷＡは全部で九つの州と二つの都市において家事労働者の権利を新たに勝ち取った」とナミアスは書いている。家事労働者には複数の雇用主がいることが多い。そのため仕事内容は多種多様であり、条件交渉が難しい。NDWAは彼らに協定の草案作りに役立つツールを提供している。

フリーランサーズ・ユニオンも、組合費を求めず雇用主と団体労働協約の交渉をしない団体の例である。そのかわり同組合は組合員に代わって医療保険、歯科保険、損害賠償保険の保険料を交渉する。UFWやNDWAと共通するのは、フリーランサーズ・ユニオンも組合員の利益になる法律を求めて運動する点だ。例えば、同組合は契約書作成の義務付け、必須支払い条件の設定、罰則の制定によって、サービスへの支払いを拒む顧客から組合員を守る法律をニューヨーク市で可決させることに大きな貢献を果たした。

ジョブズ・ウィズ・ジャスティスは全国組織で、労働者の権利を推進する教育、研究、情報交換、政治行動、プロジェクトに取り組むコミュニティ内に支部を持つ。ワーキング・ワシントンは州レベルの組織で、最低賃金引き上げや有給病気休暇を求めるなど、州内の労働者を代弁する。

これまでのところ、これらの代表モデルの中で全国展開したり、労働組合が最盛期に団体交渉を通じて獲得したほどの力を得たり、大手労働組合に匹敵する財源を持ったり、持続可能なビジネスモデルを発展させたりしたものは一つもない。その多くが何らかの形の財団の支援に頼ってコストを賄っている。

このような従来とは異なる代表モデルは急速に進化しているが、これらが競い合って大きく発展するためには労働法の改正が必要だ。労働法の現代化は、新しいテクノロジーやそれ以外の構造的なイノベーション――例えば独立契約者として再分類される労働者の増加や、ライドシェアリングのようなアプリを使ったビジネスの台頭――が「雇用主」の定義をあいまいにした時代には特に重要である。

労働者を代弁したり代表したりする組織が、さまざまな産業、職業団体、雇用関係の特徴とニーズに合わせ、複数の形態でアメリカに存在すべきなのは明らかである。[*24] アメリカの労働市場システムの既存の特徴を土台にする、という本書全体のアプローチに従い、私たちは次のように結論づける。すなわち、労働者の交渉力を強めるには、職場と仕事文化を変えつつある技術と経済の変化をもっと効果的にカバーできるよう、既存の労働法を強化し改革する必要がある。一例として、アメリカの家事労働者はNLRAの対象範囲から外されている。しかしたとえ対象だったとしても、NLRAの一般条項は彼らにはほとんど役に立たないだろう。というのも、この条項は単一の雇用主と多数の従業員間の交渉を容易にするために作られている。しかし家事労働においてはその関係が逆になっている。つまり一人の家事労働者が複数の家庭にサービスを提供しているので、従業員の数よりも雇用主の数のほうが多いのだ。[*25] 同様の問題はギグエコノミーの仕事、独立契約、人材派遣、さらに視野を広げれば、従来の手段を使って団体交渉をするには分散しすぎている労働者集団すべてに当てはまる。

他国と同じく、アメリカの雇用には伝統的に賃金の低いサービス職が占める割合が増えている。例えば清掃・運動場整備、飲食、警備、娯楽・レクリエーション、在宅医療補助などだ。しかし他の高所得国に比べ、これらの職業に就くアメリカの労働者は賃金が極端に低く、雇用主が提供する医療保険、家族都合休暇や医療休暇、バケーション休暇をほとんど利用できない。ＯＥＣＤ

の推計によれば、アメリカの低賃金労働者の購買力調整後の賃金は同じ職業のカナダ人より26％安い。だがアメリカ人の労働生産性がカナダ人より26％低いわけではないだろう。法定最低賃金の低さ、労働者代表組織の少なさ、政策立案と企業統治における株主至上主義の偏重が重なって、十分な賃金、ある程度の経済的保障、基本的な社会的給付へのアクセスが、アメリカの労働市場の底辺にいる労働者に保証されていないのである。

第6章

イノベーションを生む制度

INSTITUTIONS FOR INNOVATION

労働市場の経済状況とテクノロジーの現状に関するタスクフォースの調査から得た主な洞察は、新しい仕事がまったく新しい職業と産業にいかに集中しているかである。今ある仕事の大半が1940年には存在していなかったこと、倉庫業と流通業のような産業の雇用増がインターネット発のイノベーションであるeコマースによってもたらされたことを思い出してほしい。自動化と生産性向上のために失われた仕事の穴を埋めるには、新しい仕事の創出に頼るしかない。そして新しい仕事の源泉として最大かつ最もあてにできるのは、新しいテクノロジーに触発されて生まれる新しい産業である。新しい産業がどのようにして創発し、その創発を促し続けるにはどうすればよいかを知るには、新しいテクノロジーに投資する連邦政府の役割を理解することが重要だ。

研究開発における政府の役割

アメリカでは、新しいテクノロジーの大半が連邦政府の支援を受けたプロジェクトから生まれる。現代の分析は1940年代以降（以下参照）を対象とすることが多いが、建国初期から連邦政府は新しい産業を創出するテクノロジーの開発をきめこまかに辛抱強く支援してきた。19世紀には、アメリカで初めてエンジニアリング教育を行った陸軍士官学校の卒業生たちが、国内の鉄道建設と全国的な商業インフラの確立に活躍した。調査・探検への連邦政府の投資は西部進出の礎となり、クリッパー船〔高速帆船〕の航路を切り拓き、大西洋横断ケーブル敷設のきっかけを作った。陸軍および海軍の兵站局と連邦政府の兵器工場は互換性部品の生産を創始し、南北戦争に使用する銃を製造した工作機械産業の種を蒔き、タイプライター、自転車、自動車大量生産という南北戦争後の産業革命の基礎を築いた。国勢調査局が製表機〔データ集計を効率化する装置〕を必要としたことをきっかけにハーマン・ホレリスがイノベーションを生み出し、それがIBM創立につながった。

二つの世界大戦の戦間期には、NASAの前身であるアメリカ航空諮問委員会（NACA）が重要な試験施設、データ、高技能人材を供給し、これらを土台とするまったく新しい産業がアメリカの軍事力と経済力の砦となり、雇用の大きな源泉となった。[*1]

1940年から、連邦政府の支援はより焦点を絞り、系統的で、イノベーション志向になった。1930年代にMIT工学部学部長を務めていた技術者で発明家のヴァニーヴァー・ブッシュがローズヴェルト大統領の支援を受け、アメリカ国防研究委員会（ＮＤＲＣ）とその後継機関である科学研究開発局（ＯＳＲＤ）を創設した。ＮＤＲＣとＯＳＲＤは学界と産業界の科学者と技術者に軍事協力させ、戦争遂行にまつわる諸問題を解決することに成功した。レーダーやマンハッタン計画などこれらの取り組みは戦争遂行に重要な貢献をしただけでなく、小型電子機器からペニシリンまで戦後の産業とテクノロジーに道筋をつけた。

１９４５年にブッシュが大統領に提出した有名な報告書『科学──果てしなきフロンティア』は、国立科学財団（ＮＳＦ）の設立を通じて基礎科学が国の経済的福祉にいかに貢献できるかというビジョンを明確に示していた。しかし同じく重要だったのは、ＯＳＲＤをもっと直接的に受け継ぐ諸機関──海事研究局、ソ連による世界初の人工衛星スプートニク打ち上げ後に創設されたＤＡＲＰＡ、連邦政府の出資を受けて新設されたＭＩＴリンカーン研究所など多数のセンターや、原子力委員会（後のエネルギー省）管理下の国立研究所、軍内部の研究開発組織、ＮＡＣＡを拡大する形で１９５８年に設立されたＮＡＳＡである。連邦政府の取り組みには、特定の機関の任務に合わせた技術開発を後援するものもあれば、組織内や大学内の基礎研究に出資するもの、国家的使命を帯びたアポロ計画やヒトゲノム計画のような大型プロジェクトを立ち上げるものもあった。プロジェクトが技術目標を果たせなかったり、テクノロジーが研究所と産業界の間に横たわる「死の谷」を乗り越えられなかったりしても、そのプロジェクトによってインフラができ、技術人材が育ち、今日の産業を創ったアイデアやブレイクスルーの種が蒔かれることが少なくなかった。

マイクロエレクトロニクスという重要分野を例にとろう。1950年から1970年にかけて、連邦政府は半導体産業の研究開発のおよそ半分に出資した。政府はアポロ計画だけでも1960年代の数年間にアメリカで生産された集積回路（IC）の半数以上を購入し、まだ実績がなかったテクノロジーに商業的な後押しとともに技術的なお墨付きを与え、その後ICは経済を変容させることになる。アポロ11号の月面着陸の翌年にマイクロプロセッサが発明され、多数の消費財と生産財に使われるようになったのは偶然ではない。

同じくらい大きかったのが、今日のITの創造と成長に果たした連邦政府の役割である。ITは誕生から100年経った今でも経済成長と雇用を牽引する重要なテクノロジーだ。DARPAの情報処理技術研究室は、コアネットワーキング技術と初期のデモンストレーション・ネットワーク（ARPANET）を支援し、これがインターネットになった。DARPAは自動運転の基礎研究に資金を出し、これが今日の自動運転車の基礎となった。また、グランド・チャレンジというカーレース大会を主催しスポンサーにもなり、自動運転車産業を直接的に生み出した。DARPAが出資した研究は今日のAIシステムや、ゲームやシミュレーションをはじめさまざまな産業に発展したコンピュータグラフィックスの基盤の大部分を形成した。グーグルもNSFから補助金を受けてスタートしたし、iPhoneの内部に使われている構成部品のほとんどはもともと国防総省とエネルギー省の研究資金で開発されたものである。オラクルは陸軍が開発したデータベース技術から出発した。[*2]

同様のエビデンスは新薬からMRI（磁気共鳴画像）装置まで、医療産業と製薬産業にもある。

エネルギー省と国立衛生研究所が出資したヒトゲノム計画は、ゲノム研究においてブレイクスルーを果たしただけでなく、ゲノム工学という一つの産業の端緒を開いた。2010年から2016年にかけて認可された210品目の新薬はすべて国立衛生研究所が出資した研究がもとになっている。ある研究によれば、国立衛生研究所の出資の収益率を株式市場における民間企業に換算すると300%だという。生み出した雇用と公衆衛生に及ぼした影響の大きさは言うまでもない。[*3] 連邦政府の出資によって長年かけて構築されたアメリカの生物医学の研究インフラがなければ、新型コロナのワクチン開発に迅速に対応することはできなかっただろう。

連邦政府の研究開発が雇用に幅広い便益をもたらしているエビデンスも強力である。アメリカの有力な研究大学の周辺地域が経済的に成功している事実を考えてみるとよい。1980年に成立したバイ・ドール法によって、大学が連邦政府の資金で開発した知的財産の特許権を取得できるようになり、おかげで学内で開発したテクノロジーを商品化しやすくなった。この法律や関連する政策によって、連邦政府の研究開発資金が与える商業的なインパクトが、研究開発セクター以外も含めて非常に大きくなった。[*4]

連邦政府の研究開発が成功した理由には、ミッション志向であったこと（具体的な問題、特に軍事上の問題解決を目指した）と、基礎研究であったこと（基本的な現象の探究）の両面がある。政府はミッションを掲げた大型プロジェクトを組織することもあれば、必要なものを購入するために影響の大きな調達を行うこともあった。最近の研究によれば、過去100年間に申請された特許の3分の1が連邦政府の出資による研究から生まれたものだった。産業によってはその割合が

2分の1を超えるところもあった。[*5]

もちろん、連邦政府の研究実績は完璧ではない。重複や非効率もそれなりにあった。例えば肥大化して動きが鈍った政府機関もあるし、1980年代の競争力低下の危機にはシステム全体として対応に失敗した。商業開発、製造、地域開発に重点を移そうとする長年の取り組みには成功も失敗もあった。とはいえ、アメリカの連邦政府の研究開発システムに分散と重複があることは強みの一つである――イノベーターと優れたアイデアが支援と助成を見つけるチャンスが複数あるからだ。研究開発インフラは広範囲に行き渡っており、国家目標の達成に多大な貢献をしてきた。

産業への応用や雇用創出という便益があることも長年にわたる記録に裏付けられているが、連邦政府の研究開発は必ずしもそれらを目指してはいなかった。しかし、連邦政府の研究開発投資は、基礎の理解、実験の促進、何世代もの若いイノベーターの訓練、制度的な支援に集中的に向けられたおかげで、国家的問題を解決するとともに経済成長に寄与した。大きな科学的進歩を遂げるうえでも力があったことは言うまでもない。

民間資本と企業の研究開発は新しいテクノロジーを市場に持ち込む際に重要な役割を果たすが、いずれも抜本的に新しいものを数十年にわたって育成するために必要な一貫性ないし忍耐力に欠ける。実際に最近の調査が、1970年から2006年までに発明された最も重要な新製品(『R&Dマガジン』誌が毎年主催するイノベーション・アワードの認定による)の大多数が、発明から商品化に至る開発のどこかの段階で連邦政府の出資を受けていたことを示している。[*6]

MITの大学院生ダニエル・トラフィコントによる調査は、アメリカの研究開発システムの数多い長所と短所を指摘し、民間企業や大学など研究開発の関係者のみならず社会にとっても有益な成果を生むシステムを創出するうえで重要な政府と産業界の交流を示している。[*7] 社会にとっての便益は民間の収益率の3~4倍と推計され、おかげで公的な研究開発投資の増額への支持は高い。[*8]

しかし、第2章で述べたように、アメリカの典型的な労働者が生産性向上――その一部はイノベーションの増加によって生まれた――の便益をあまり目にしたり経験したりしていなければ、研究開発支出の増額に国民から大きな支持を得ることは期待できない。40年前に始まって今も続く「大分岐」が問題の要になっている。アメリカの将来のイノベーション能力に十分な投資をしようと思うなら、この問題に対処しなければならない。

公的研究開発投資の減少

アメリカのイノベーション力は驚異的で、重要なイノベーションを無数に生み出してきた。前述したように、それには連邦政府の投資がかなり重要な役割を果たした。しかし近年は連邦政府の投資が減少し、アメリカがイノベーション力を今後も維持し、国際競争上の大きな優位性を保てるのかどうかに懸念が出ている。

この10年間アメリカの生産性が伸び悩んだ理由の一部が連邦政府の研究支出の減少にあること

は、タスクフォースメンバーのエリック・ブリニョルフソンが主導した調査で述べられている通りである。[*9] 官民の研究開発投資は補完関係にあるため、連邦政府による研究支出の減少は二重の代償を伴う。つまり、政府が研究開発投資を増額すると、その後民間セクターでイノベーションが起きる。政府が投資を減額すると、民間セクターのイノベーションが減少する。[*10]

ノーベル賞受賞者でタスクフォース諮問委員会メンバーのロバート・M・ソローは、20世紀を通じての生産性向上が技術進歩から生じたものであることを数十年前に示した。ツール、技法、組織慣行の改良のおかげで、企業と家庭と政府の仕事の質量が向上したのである。[*11] このような技術進歩の多くは研究開発に依存していた。イノベーションに対するアメリカの公共投資は、技術的に進んでいる他の国々の投資が増えるなかで、衰えていった。

アメリカの研究開発支出は全体で、1960年の世界の研究開発支出の69%から2018年にはわずか28%に減少した。[*12] もちろん、他国が豊かになり、教育水準が上がり、技術集約的になるにしたがい、この数字が下がることは予想される。しかし他の主要国の投資とは相対的に、アメリカの研究開発投資は少なくともこの10年間減少してきた。[*13] 官民の研究開発投資を合わせると、ドイツは2015年にGDPの2・9%を研究開発に投資している。これに対してアメリカは2・7%、中国は2・1%だった。ただし中国は今後アメリカとドイツを追い抜くと予想されている。日本と韓国はGDPのそれぞれ3%と4%を超える金額を研究開発支出に充てており、アメリカをすでに追い抜いた。さらに、アメリカのGDPに占める総研究開発支出の割合は過去30年間に比較的安定していた（増えはしなかったが）ものの、研究開発費に占める公共投資の割合

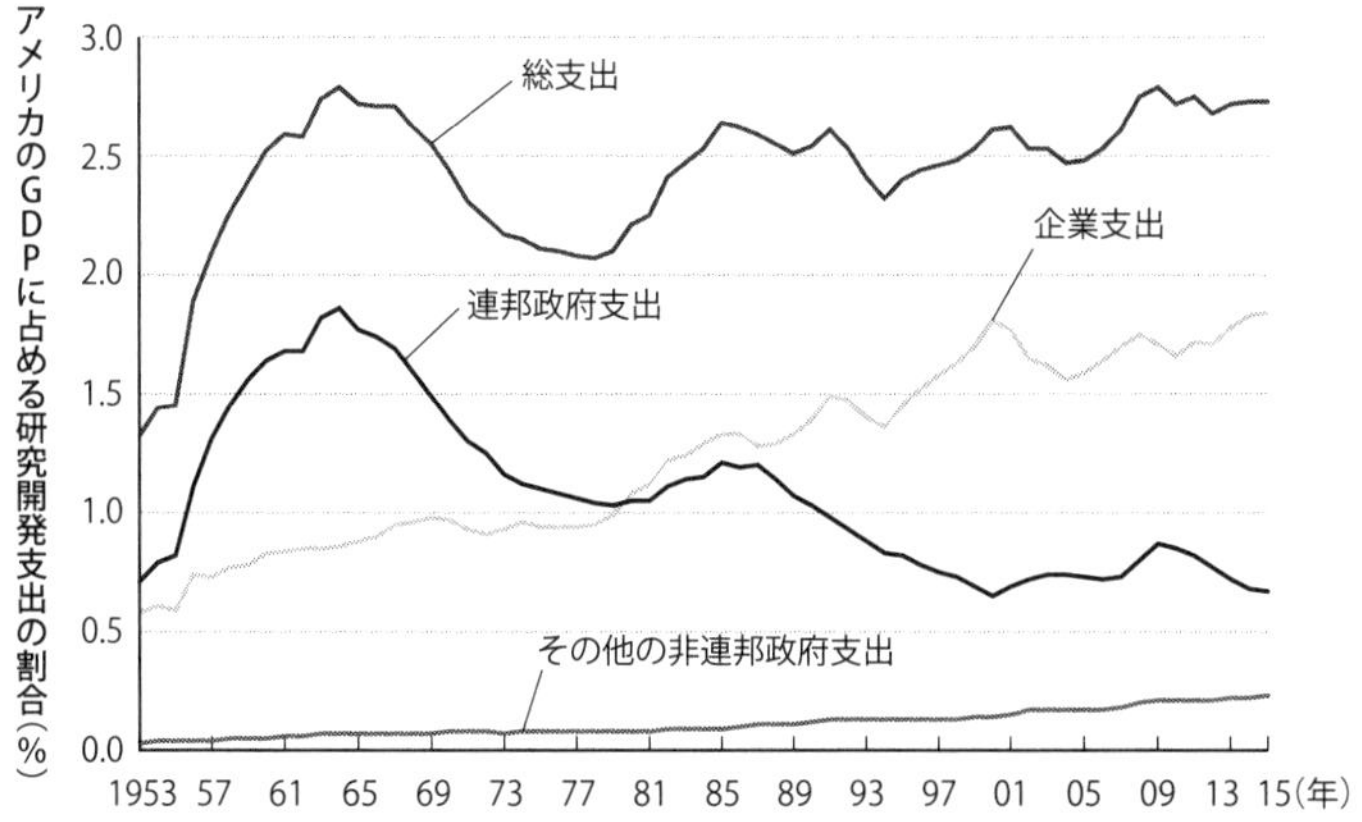

図6.1　アメリカのGDPに占める研究開発支出の割合、資金源別（1953〜2015年）

出所：Data from National Science Board, Science and Engineering Indicators 2018. NSB-2018-1, NSF, Alexandria, VA, figure 4.3（https://www.nsf.gov/statistics/indicators）．元データは国立科学財団（NSF）国立科学工学統計センターの「National Patterns of R&D Resources」（年刊）に拠った。

は1985年から2015年までの30年間で約40％から約25％（4分の1）にまで急落した（図6・1参照）。

　公的な研究開発支出が商業化までに数十年かかるかもしれない基礎科学・技術に集中する傾向があるのに対して、民間の研究開発支出はもっと市場に近いテクノロジーに集中しがちである。したがって、民間の研究開発が増え、総支出がGDPに占める割合が比較的一定であっても、公的な研究開発によるイノベーションの取り組みが減少する負の影響が完全に相殺される可能性は低い。

　タスクフォースメンバーのヤーシェン・ホアンと大学院生のミーセン・スンによる調査が述べているように、政府全体でイノベーションを育成し大規模化する中国の手法は、国の総力を挙げる従来とは異なるイノベーションのモデルを示している。[*14] このモデルは、マンハッタン計画、アポロ計画、ヒトゲノム計画などさまざまな時代にアメリカが好んだ巨大プロジェクトの手法を思わせるが、中国では産業政策に使われている。しかし政府全体で取り組むには、アメリカの場合、政治的・経済的に大きなコミットメントが必要であり、これは連邦政府の非常に細分化され分権的な研究開発システムでは容易に実現しない。

あるべきイノベーション政策と制度

外国との競争激化、伸び悩む生産性、不平等の拡大への懸念から、政府、企業、学界のリーダーたちが、アメリカのイノベーション政策に活を入れてより強固な産業政策（最近また好まれるようになった言葉）を支援する方法を政策提言している。超党派で立法提案された「エンドレス・フロンティア法」（ヴァニーヴァー・ブッシュの１９４５年の提案にちなむ）は、アメリカのイノベーションの行方に対して抱かれている野心と危機感の両方を示す例である。ここでは法案の詳細に触れないが、アメリカのイノベーション政策と制度を工夫すれば仕事の未来の創造と形成に役立つであろう分野において、アメリカが進むべきだと私たちが考えるいくつかのおおまかな方向を以下に取り上げる。

連邦政府の研究支出を増やし、労働者と社会課題に充てる

連邦政府の研究開発の優先課題にすること自体が、仕事の未来の形成に寄与する。未来のアメリカの労働市場をテクノロジーの力で健全化することが国家的問題であり、多様なイノベーターと研究者に研究させ解決させるに値するものと位置づければ、連邦政府はこれが優先課題であるという意志を示し、普通の労働者のための仕事に資金を充てることになる。

すでにＮＳＦには将来の投資対象とする十大構想の一つとして、「人と技術のフロンティアにおける未来の仕事（Future of Work at the Human-Technology Frontier）」と題したプログラムがある。このプログラムが掲げる原則は、人とテクノロジーの連携の理解と促進、人間のパフォーマンスを高めるテクノロジーの推進など、さらに広範囲の投資の雛型となる。まだ実現していないが次の一歩は、人間中心のＡＩ、協働ロボット、学習・教育科学などの研究分野を通じて人間の能力を高め衡平な労働市場を支えることを、国の研究目標に定めることだろう。

それと同時に、連邦政府の研究支出を増額し、民間セクターには無視されそうな分野に充てるべきである。長期の基礎研究への投資やテクノロジーが社会に与える影響に取り組む研究の支援は、採算が取れるまでの期間が長く便益をマネタイズしづらいために、民間セクターにとってはインセンティブが弱い。公共投資は気候変動や健康など、最も急を要する国家的問題の解決に必要なテクノロジーとその応用に向けるべきである。

タスクフォースメンバーのジョン・ヴァン・リーネンは研究概要で、ハミルトン計画[15]を提案している。これは、グランド・イノベーション基金を設立して、アポロ月面着陸計画やヒトゲノム

計画のような政府の総力を挙げた「壮大なチャレンジ」を支援するものだ。ヴァン・リーネンが述べる通り、産業政策が経済に正の影響を与える可能性は証拠の重さ（証拠の相対的な強さ）が示唆している。アメリカの成長が減速し、中国のような国が相対的に産業政策に成功しているのだから、今世紀の新たな「壮大なチャレンジ」に取り組む価値はある。新型コロナのワクチンを1年未満で提供する「ワープ・スピード作戦」の成功は、連邦政府による研究開発への出資と取り組みを国家の難題に集中させれば何ができるかを示す最近の好例である。

もっと視野を広げると、連邦政府は「タフ・テック」[*16]、すなわち通常よりも成熟するまでに時間がかかり、開発サイクルの複数の段階ではるかに多額の資本を要することの多い画期的なテクノロジーに投資しなければならない。このようなテクノロジーは忍耐強い投資を必要とする。民間セクターの投資家が概して魅力を感じないレベルのリスク耐性が求められるほどの、大規模な実現可能性を示すとなると特にそうだ。[*17]こうした技術の例に挙げられるのは、原材料や化学物質の先進製造テクノロジー、次世代半導体、クリーンエネルギーの生成と貯蔵、量子コンピューティング、合成生物学である。このようなテクノロジーの多くにはハードウェア構成機器と独自の製造工程が伴うため、（最初の複製費用は別として）生産の限界費用がゼロに近い純粋なソフトウェア製品に比べ、開発に時間と費用がかかる。今後出てくる新しいテクノロジーにおいてグローバルな専門知識と商品化を早いうちに確立すれば、アメリカが経済的な便益を得たり国家安全保障に投資したりするだけでなく、テクノロジーの発明者と科学者と政策担当者が、私たちの価値観と優先課題（労働者の能力向上を含む）が反映されるようにイノベーションを方向づけることも可能になる。

最後に、新型コロナ禍の後は、外国との競争激化に直面するアメリカの中小企業の生産性向上にあらためて真剣な取り組みが求められる。中小企業はアメリカ企業の大多数を占め、国家安全保障とイノベーション力と雇用になくてはならないサプライチェーンの重要な一部である。サプライチェーン産業は経済の一大部門であり、タスクフォース諮問委員会メンバーのカレン・ミルズが指揮した調査が示す通り、２０１５年にはアメリカの民間雇用の43%を提供していた。中小企業は製造業だけではない。エンジニアリング、ソフトウェア、物流など、アメリカ経済において賃金が最も高くＳＴＥＭ関連の仕事が集まった産業であるサービス業もここに含まれる。[*18]

中小企業のサプライヤーがこれらの有望な産業で競争しイノベーションを起こせるようにすることは、未来の高賃金のハイテク職をさらに創り出すために不可欠となる。ＭＩＴの研究者たちが見出したように、製造業に携わる多くのサプライヤーは生産性を向上する新テクノロジーに大きな投資をしていない——ロボットの数は多すぎるどころか少なすぎるのだ。[*19] 中小企業の生産性を高めるには、テクノロジーに投資してアップグレードすることに新たなコミットメントが必要である。それは、連邦政府と州が協力して、新しい機器への投資を助成したり、国防関連あるいは——グローバルなパンデミックによって露呈した事実の帰結として——必須医療用品の生産において、主要製品の需要を一定期間保証したりすることによって実現できるだろう。

イノベーションの地理的範囲を広げる

経済的不平等には地理的次元があり、これは過去数十年の間に悪化してきた。アメリカでは1980年代まで地域の経済的な収斂が進んだが、それ以降は一貫して分岐が起こり、地域間でも地域内でも経済格差が広がったことは、本書の著者でタスクフォースの共同議長であるデヴィッド・オーターの研究が明確に示す通りである。この格差の大部分は教育水準および人口密度と相関している。教育水準と人口密度が高い都市が繁栄する一方で、非都市部は衰退している。しかし繁栄する都市の内部でも、四年制大学の学位を持たない労働者の運命は停滞してきた。つまり、地域が繁栄してもその繁栄が全員に共有される保証はないということだ。研究者たちは、地域の衰退が個人に、いやそれどころか、何世代にもわたるほど長期に持続する経済的な帰結をもたらすことを立証し、このトレンドを逆転させるか、せめて衰退を減速させる戦略を提案してきた。[*20]

連邦政府の研究開発投資は、新しいテクノロジーと産業の商業的発展に正の波及効果を創り出すだけでなく、出資を受ける地域に地理的な正の波及効果も生み出す。過去10年間にバイオテクノロジーの研究者が受けた年間20億ドル近い連邦政府の研究開発資金から、ボストン地域にどれほどの波及効果があったかははかりしれない。

アメリカのイノベーション中心地の多くが、そのイノベーション力の収益率向上から恩恵を受けてきた。つまり、イノベーションがイノベーションを生むのである。シリコンバレーのイノベーション力は横ばいになるどころか何年にもわたって飛躍的に伸びた。イノベーションが起きている産業の仕事が大きな割合を占める都市には、そのような仕事がよりいっそう集まってくる傾向がある。[*21] トップクラスのイノベーション力がある都市と地域にはますます人が密集し、同時に、アトランタ、デンバー、ソルトレイクシティのようにイノベーションのハブになる場所も増えた。このトレンドは、アメリカの繁栄の一極集中や所得格差の広がりを軽減しようとするにあたっては向かい風になる。

経済的機会とイノベーション力をもっと分散させるために、研究者と政策担当者は、立ち遅れた地域に研究開発によって雇用と経済開発の恩恵をもたらす、地域情報に基づいた連邦政府の研究開発戦略を提言している。最近の論文では、ＭＩＴの研究者ジョナサン・グルーバーとサイモン・ジョンソンが、イノベーション力を発展させるうえで不可欠な資産（例えば四年制大学の学位保持者がそれなりの割合でいる、産業が存在するなど）を備えたいくつかの地域が、数年にわたって多額の連邦政府の研究開発投資を受ける戦略を構想している。[*22] この戦略や、もっと小規模に（産業クラスター単位など）効果がありそうな戦略の実験には投資する価値があり、特定の地域に経済的に大きな恩恵をもたらしうるとともに、地域の経済的衰退を逆転させるためにどう支援するかについての貴重な教訓となるだろう。

税制を利用した労働者への投資促進

本書は、人間とコンピュータが協力することになるのか、それとも未来の仕事を奪い合うようになるのかを中心に議論を展開してきた。しかし、何十年も前から機械のほうが人間よりも明らかに有利だった経済分野が一つある。課税だ。

MIT教授のダロン・アセモグルとアンドレア・マネラがボストン大学のパスカル・レストレポとともに執筆したタスクフォースの研究概要で、明確な数字を挙げて次のように説明している。「この40年間、労働への課税率が平均25％だったのに対し、資本に分類される機器、ソフトウェア、建物などへの課税率はそれよりも低く、しかも近年は下がる一方だった」[*23]。ソフトウェアと機器への平均税率は1990年代にわずか15％であり、今では約5％に下がった。この差はつまり、労働者が稼ぐ給料1ドルにつき25セントを雇用主が税金として納めなければならないことを意味する。企業にとっては、産出高の拡大に効果的に使えるなら、税率の低い資本に同じ金額を投資するほうがはるかに得である[*24]。倉庫や工場から病院や保険会社まで経済全般において、新しいテクノロジーのおかげで仕事の自動化が簡単かつ安価にできるようになったため、この問題はいっそう緊急度を増している。税率の極端な不均衡を是正するには、アメリカは資本と労働への課税方法の均衡を修正し、あらかじめ資本に有利になっている歪みを取り除かなければならない。

アセモグルとレストレポが行った以前の研究が示すように、従来の税制を再考することは時機にかなっている[*25]。企業のテクノロジー投資を促進するために優遇税制を使うことは、これまでは次のように正当化されていた。すなわち、優遇税制は労働需要を減らすかもしれないが、生産性向上も促進するため、富の創出の好循環が起きて最終的には仕事が増えるだろうというのだ。テクノロジーへの投資が仕事の数を実質的にほとんど減らさない一つの理由はこれである。新しい機械に投資する工場では製品の生産に必要な労働者の数が減るかもしれないが、新しい機械によって可能になった生産性の向上は製品とサービスの需要増をもたらすことが多く、したがって仕事が増える。

しかしアセモグルとレストレポの論文は、このような税制が労働需要を減らす一方で相応の生産性向上を生まない投資を企業に奨励しうると主張している。アセモグルとレストレポはこれを「そこそこのテクノロジー（so-so technologies）」と呼んだ。一例は小売店のセルフレジである。セルフレジによってレジ係は不要になるが、生産性はほとんど上がらない。むしろ、普通の買物客は訓練を受けている店員に比べてレジの操作におそらく長けていないため、レジ作業が遅くなる可能性が高い。生産的な機械への投資を減らすべきだと言っているのではない。税制が機械を優遇しているというだけの理由で自動化が労働者の代替に使われるケースを減らそうということだ。

どのテクノロジーがそこそこの結果をもたらすのかを見分けられる税制を策定するのはきわめて難しい。資本と労働を区別する政策を作るのはなおのこと難しい。頭のいい税理士は両者の境界線をあいまいにする方法を簡単に見つけ出してしまうからだ。税の扱いが有利となれば、企業は労働による収益を資本による収益として分類し直す方法を探すものである。労働と資本の税の扱いを同等にすべき強い論拠はそこにある。税制では両者を見分けるのが難しいのだから、労働と資本の税率があまりに違えば、税収を減らすような不正工作を助長するだけである（不正をした者が懐を肥やす）。

もっと均衡の取れた税制を作るための直接的な一歩は、企業に認められる減価償却を削減することだろう。この減税措置によって、企業は納税額から資本投資に使った金額をほぼ即座に差し引くことができる――本来は資本投資の全期間を通じて控除されるべきであるにもかかわらずだ。投資後すぐに減価償却を認めるのはそもそも、景気後退期に経済を活性化するための時限的措置だった。ところが減価償却はここ数十年の間に大幅に額が寛大になり対象期間も引き延ばされ、さらに企業は増額と期間延長を求めて熱心にロビー活動を行ってきた。

企業が税制の裏をかくもう一つの方法は、自社を従来の普通株式会社（C-corporation）ではなく小規模株式会社（S-corporation）として分類し直すことである。小規模株式会社のほうが労働所得を資本所得として分類しやすく、それによって実効税率を低くできることを最近の研究が示している。[*26] 小規模株式会社の監督を厳しくするとともに資本と労働への課税を同一にすることによってこの非対称性を小さくすれば、歪みを正す一助となるだろう。「このような政策措置は資本所得基盤を広げるはずである。資本所得税と労働所得税をバランスさせるにはこれで十分かもしれない」とアセモグル、マネラ、レストレポは述べている。[*27]

また、政府は新しいテクノロジーへの投資を奨励するために研究開発費に税額控除を提供している。これは成功している実績があるので維持すべきである。文献をつぶさに調べると、研究開発の税引後価格が1％下がると研究開発が1％以上増え、収益率は連邦政府が研究に直接出資する場合をわずかしか下回らない。[*28] 研究開発費の税額控除を据え置きつつ雇用主による訓練費の税額控除を新設すれば、システムを改善できる。訓練費の税額控除は、研究開発費の税額控除と同様に、労働者の訓練への雇用主の投資コストを政府が分担するという意味合いを持つ。優遇税制の例に洩れず、この控除も悪用を防ぐために厳しく管理する必要があるだろう。このような優遇税制は外部機関の認証資格が取れると認められた訓練にのみ適用することを、私たちは強く提言する。

アメリカには連邦政府の研究開発投資に支えられた強力な国のイノベーションシステムがあり、それによって基礎科学と新しいテクノロジーが発展し、科学におけるアメリカの主導権と数々の新しい産業を生み出してきたことはよく知られている。しかし、新しい産業同士の結びつきが、生産性を上げるテクノロジーが必然的にもたらす仕事の喪失を補うものとして重要であることはあまり認識されていない。古い産業が成熟するにつれ機械化と自動化が進む傍らで、新しい企業と新しい用途を生み出す活発なイノベーションのエコシステムから新しい産業が育った。ところが、私たちはこのように重要な研究開発投資を停滞させ、全面的に縮小させかねない状況を放置してきた。相応の影響が労働市場に及んでいる。研究開発投資を増額し、対象を絞り込むとともに、労働者と社会課題を最優先する税制を取れば、アメリカのイノベーションシステムを過去数十年よりも多くの人と地域のために機能させることができる。

第7章

結論と政策提言

CONCLUSIONS AND POLICY DIRECTIONS

技術進歩が向かう先は仕事のない未来ではない。これからの20年間に、工業国では労働者の数を上回るほど仕事が増え、人手不足を埋めるためにロボット工学と自動化が果たす役割はますます重要になっていくだろう。いずれ私たちは、気候変動、疾病、貧困、教育不足など人類にとって最も喫緊の問題に対処するために、いっそうの技術進歩を求めるようになる。

しかし、進歩するロボット工学、自動化、そしてまだ見ぬテクノロジーがすべての労働者に恩恵をもたらすとは限らないだろう。このようなテクノロジーは、経済的インセンティブ、政策選択、制度要因とともに、就ける仕事、雇用の質、仕事に必要なスキルを変えるだろう。たえまない変化は、イノベーションと成長と衡平性のバランスを常に取り続けなければならないという課題を私たちに突きつける。

今ある仕事の大半は１９４０年にはまだ発明さえされていなかった。既存の仕事を遂行するための新しい方法、新しいビジネスモデル、まったく新しい産業の発明が生産性向上と新しい仕事の原動力となる。イノベーションが新しい職業を誕生させ、新たな専門技術の需要を創出し、やりがいのある仕事の機会を作る。今から１００年後に人間がどのような仕事をしているかはわからないが、未来の仕事のほとんどは現在の仕事とはまったく異なり、科学技術の進歩から生まれたイノベーションのおかげで存在するだろう。

20世紀の経済の歴史は、健全な労働市場が皆の享受する繁栄の基盤となりうることを示している。うまく設計された制度は機会を育て、経済的保障を支え、民主的な政治参加を促す。アメリカは21世紀にこの基盤を再建することに本気で取り組まなければならない。制度を強化し構築し、新たな投資に着手し、仕事が大半の成人にとって良い人生を送るための柱であり、報われ、尊厳を保ち、経済的にやっていける手段であり続けるようにする政策を立案しなければならない。より衡平で持続可能なこのような経済の構築を支える基本的な柱は三つある。

技能と訓練への投資とイノベーションを実行せよ

技術のイノベーションが起きるには、労働者にしっかりした基礎的技能と専門的な訓練の両方が備わっている必要がある。ところが、タスクフォースの調査によれば、雇用主から所与の年に何らかの訓練を受けた者はアメリカの労働者の約半数しかおらず、しかも高学歴で非人種的マイノリティの労働者に偏って多い。新入社員、現役社員、失業者を訓練するためのアメリカのシステムは現状では統一されておらず、質にもばらつきがある。ただし柔軟性はあり、そのおかげで労働者はキャリアのさまざまな時点でシステムを出入りできる。官民および非営利の訓練の取り組み例はアメリカ中に無数にあるが、あまりうまくいっていないものも混じっている。そしてほとんどが評価の対象となっていない。厳正な評価によって成功が証明された訓練モデルを拡張し、より多くの労働者に役立てるべきである。オンライン教育、AIの誘導による学習システム、仮想現実を活用したツールなど、新しいテクノロジーは、学生と労働者と求職者がライフサイクルのどの段階でも訓練を利用でき、手頃な価格で、関心を持って取り組める画期的な方法を提供している。より良い仕事に通じる道を広げ、改善するために、以下を提言する。

・人種的マイノリティが偏って多い低賃金・低学歴労働者の上昇移動を加速することを特に目的とし、民間セクターの訓練投資を促進する。配慮の行き届いた税法規定（前述）ないしマッチングファンド・プログラム（企業の投資と同額を公的補助する制度）を制定し、認可された証明できる資格につながる訓練を提供するよう雇用主に促す。

・四年制大学の学位を持たない労働者が中流階級の職に就けるような訓練プログラムに、連邦政府の出資を大幅に増やす。雇用主と密に連携し、受講者に支援サービス（例えばコーチング、助言、保育、交通手段）を提供し、職場での実地教育など革新的な訓練プログラムに投資していること——成功の鍵であると証明されている要件——を示せるコミュニティカレッジと雇用仲介機関に競争させながら支援を行うべきである。雇用主、政府、コミュニティカレッジ、地域社会の団体が、雇用主のニーズに応えるスキル開発システムを構築するという共通の目的で集まり、地域協定を結ぶことを奨励する。

・コミュニティカレッジの学位取得率を上げる政策を支援する。その政策とは、基礎学力の補習と職業訓練を（順を追って行うのではなく）統合する形にカリキュラムを再設計する、学位を取得する途上で有用な資格が取れる短期の課程を新設する、成人が在学中は仕事より勉強に集中できるようにこれまでより短い間隔でより多額の資金援助を行うための出資やインセンティブを提供するものである。

・雇用と所得において結果を出す実効性を測るため、訓練プログラムに厳正な評価を求め、その費用を全額負担する。

・失業した成人労働者の再訓練と再雇用のための革新的なアイデアを試す実証プログラムに投資する。これは政策とプログラムがこれまであまり成功してこなかった課題である。

・求職・求人を支援する労働市場情報を改善する。失業者向けの従来の「ワンストップ」（窓口を一本化した）センターの現代化に投資するとともに、就職機会のリアルタイム情報を提供するオンライン・データベースを作成する。労働者が自分のスキル、能力、資格のデータに簡単にアクセスできる方法を引き続き開発する。ただし、求職支援は有効な教育・訓練プログラムを補うものであって、それに代わるものとはならないと認識すべきである。

・訓練を提供する革新的な手法とツールの開発と実地試験に投資する。オンライン訓練は対面の訓練と組み合わせた場合に最も効果が高いこともエビデンスによって示唆されている。拡張現実および仮想現実を使う可能性も想定した実践型の学習を含む教育モデルを支援する。

雇用の質を改善せよ

他国と同様にアメリカでも、四年制大学の学位を持たない労働者の雇用先として、伝統的に賃金の低いサービス職（飲食サービス、清掃・運動場整備、警備、娯楽・レクリエーション、在宅医療補助）の占める割合が増えている。このような職業に就いているアメリカの労働者は他の高所得国に比べて恵まれない境遇にあり、賃金は極端に安く、就業スケジュールは不規則で、雇用保障はないに等しいか皆無である。彼らが雇用主の提供する医療保険、有給の家族都合・医療休暇、バケーション休暇を利用できることはまれである。購買力調整後のアメリカの低賃金労働者の賃金はカナダより26％安い。このような待遇に必然性はない。次の策が、低賃金職でもある程度の経済的保障と社会的給付を得られるようにする助けになるだろう。

・連邦政府の最低賃金の実質価値をアメリカの中位賃金の40％以上に戻し、インフレにスライドさせる。地方自治体は現行通り、それより高い水準を設定できるようにすべきである。最低賃金はアメリカの賃金分布の下方部分に偏って多い人種的マイノリティ労働者の所得を支えるうえで特に効果が高い。取得可能な最も優れた経済的エビデンスは、うまく調整された最低賃金が雇用に与える負の影響は小さいか検知できない程度であるが、家庭の貧困率を下げると指摘している。

・失業保険給付を現代化し、従来は対象となってこなかった労働者にも提供する。すなわち、

・受給資格の審査に、労働者が直近の所得を申告できるようにする。２０１９年初めの時点で、37の州が標準的な方法では受給資格のない労働者に現行の基準期間より退職日に近い期間の所得を用いて受給資格を証明できるようにした。この政策を全国的に採用すべきである。

・失業保険の受給資格の根拠を所得ではなく労働時間にする。というのも、現在は低賃金労働者が失業保険の受給資格を得るには高賃金労働者よりも長時間働かなければならないからだ。所得の最低水準ではなく労働時間の最低水準を満たすことで失業給付の受給資格を得られるようにする措置は、ワシントン州ですでに実施している。すべての州でそうすべきである。

・失業者にフルタイムの仕事で求職活動させる要件を外す。理由が家庭の事情であれ仕事の性格であれ、パートタイムの立場で働く労働者は多い。週20時間以上のパートタイムの仕事を探しており、それ以外は失業保険の給付要件を満たしている失業者には受給を認めるべきである。

・部分的失業保険の改革を行う。州に部分的失業保険の給付額算定方式を見直させ、掛け持ちしていた仕事の片方を失うなどして働く時間が大幅に減少した労働者の保護を手厚くするよう求めるべきである。ほとんどの州で、所得が半減した低賃金労働者は現状では給付を受けられない。

・労働法を強化・修正し、執行を改善する。民間セクターの労働組合が衰退したため、一般の労働者は生産性向上に見合った賃金増を交渉する力を失った。労働者の代表制にイノベーションが切実に求められているが、アメリカの労働法の規定のせいで労働組合に代わる手法の発展が遅れている。例えば、ドイツのような国々の状況とは対照的に、アメリカでは労働者が労働組合のない企業で労使協議会を設立することが違法であり、労働者が取締役会の一員となることが合法かどうかは不明確である。

労働力の主要セクター、具体的には家事労働者と農業労働者は、ニューディール時代の人種政策の名残で団体交渉から排除されている。全国労働関係法は成立からの85年間で1回しか改正されておらず（その改正でむしろ効力が弱められた）、現代化が必要である。今ある労働組合の力を損なわずに、団体交渉のための新しい機関が結成できるようにする必要がある。次の3点において施策が必要だ。

・新しい形態の職場代表制や企業の意思決定およびガバナンスにおいてイノベーションが可能になるよう、労働法を柔軟化する。
・家事労働者や在宅介護労働者、農業労働者、独立契約者など、労働組合の伝統がない分野において、労働者が報復のリスクを負わずに組織化できるよう、法的保護を設ける。
・法を強化し、労働者が団体交渉権を獲得するための保護とプロセスをより厳正に執行する。

イノベーションを拡大し、方向づけよ

イノベーションは仕事と富を創出し、外国からの競争激化という課題に対応するための鍵である。アメリカは、社会的便益を生み出し、労働者から仕事を奪うのではなく労働者の能力を増大させることを目標にしたイノベーション課題に本気で取り組まなければならない。

今は、イノベーションがもたらした成長の利益が労働者にほとんど回っていない。すべての利害関係者の利益になるようにイノベーションを導くべきである。イノベーションの種を蒔き、経済成長を生み出し、教育・研究に秀でた分野を作り、新しい仕事の創出を促すうえで、連邦政府の政策が有益なことははっきりと示されている。ところが、アメリカの官主導のイノベーションの取り組みは、公的研究開発投資の歴史的な推移を見ても、ドイツや中国のような他国の取り組みと比較しても、弱くなっている。

労働者と機械への企業の投資に影響を与える税法も、バランスを見直す必要がある。過去40年間に重ねられた法改正によって、アメリカの税法は労働者への投資よりも機械の購入を助成するほうに大きく偏った。税政策は企業に対し、税法の歪みがなければ労働者が行うはずのタスクを自動化するインセンティブを与えている。アメリカは税法のバランスを取り戻して、スキル開発のイノベーション、資本形成、研究開発投資、それぞれのインセンティブが連携するようにすべきである。私たちの具体的な提言を以下に挙げる。

・連邦政府の研究開発支出を増額し、民間セクターに無視されている分野に充てる。民間セクタ

ーは長期的な基礎研究に投資したり、テクノロジーの社会的影響に対処するイノベーションを追求したりするインセンティブが弱い。公共投資は気候変動、健康、貧困緩和など、最も急を要する国家的課題を解決するためのテクノロジーとその応用に集中させるべきである。

・人間中心のＡＩ、協働ロボット、学習・教育科学などの研究分野を通じて人間の能力を高め衡平な労働市場を支えることを、国の研究目標に定める。

・中小企業に対して、新しいテクノロジーの採用によって生産性を上げるための的を絞った支援を行う。連邦政府のプログラムないし機関（国防総省、国立標準技術研究所など）が、特に製造業に携わる中小企業の技術的なアップグレードを支援できる方法を模索する。例えば製造業拡大パートナーシップや製造ＵＳＡネットワークの利用が考えられる。

・アメリカのイノベーションを地理的に拡大する。イノベーションは地理的な集中が進んでいる。しかしアメリカは全国に散らばる大学、起業家、労働者の中に重要な資産を有している。アメリカのイノベーション政策は、比較的少額の資金で既存の資産を基に、イノベーションのもたらす利益をより広範な労働者と地域に届かせることを目指すべきである。

・資本投資に過度に有利な現在の税法を変えることによって、資本と労働への課税の均衡を取り戻す。この不均衡を悪化させている減価償却の即時償却を廃止する。

・法人所得税を小規模株式会社（S-corporation）も含め、すべての企業に平等に適用する。普通株式会社（C-corporation）と小規模株式会社（S-corporation）の税の扱いの違いは、労働所得を税制上有利な資本所得に分類し直す大規模な租税裁定取引につながっている。税基盤の拡大は常に、税収を増やす最も効率的な方法である。

・連邦政府の研究開発費の税額控除を維持しつつ、雇用主による訓練にも、研究開発費の税額控除と同様の税額控除を設ける。これは、外部機関が認定する資格を取れる労働者訓練への投資にのみ適用する。

技術進歩によって国は豊かになっても自分の暮らしが脅かされるのではないか、と恐れるアメリカ人があまりにも多い。

アメリカのイノベーションの驚異的な歴史を牽引してきたのは恐怖や諦念ではなく、可能性を信じる強い気持ちだった。可能性は今も消えていない。労働者の経済的保障の向上と技術変化およびイノベーションの継続は両立しないものではない。むしろ、後者を実現するためには前者を確保しなければならない。どちらの目標も達成するためには、テクノロジーと制度の両方にイノベーションが必要だろう。

謝辞

本書はタスクフォースとＭＩＴ学内の寄稿者による献身的な仕事がなければ成り立たなかった。彼らの貴重な2年余りにわたる参加と、20余りの研究概要および最終報告書への寄稿が、本書の土台と骨組みになっている。タスクフォースに加えて諮問委員会と研究諮問委員会にも、この取り組みを導き、識見を提供し、積極的に関わっていただいたことへのお礼を申し上げたい。最初から最後まで貴重なご意見をいただいたチーフエディターのティム・アーペルと、本の完成までお世話になったＭＩＴスローン経営大学院生のジーへ・ジャイドには特別な感謝を捧げる。ＭＩＴワシントンＤＣオフィスのディレクター、デヴィッド・ゴールドストンにも、私たちの議論と報告書にすばらしい貢献をしていただいたことに感謝申し上げる。「未来の仕事」チームの以下の方々に感謝したい。タスクフォースにかけがえのない支援をしてくれた「未来の仕事」参事のサラ・ジェーン・マクステッド、広報チームのスザンヌ・ピントとステファニー・コパーニアック、優秀な総務担当のローラ・ギルド、アニータ・カフカ、ジョディ・ギルバート。最後に、タスクフォースの活動中に思いやりと魅力あふれる仲間の一員として優れた調査を行い、貴重な識見と支援を提供してくれた何十人もの学生と研究者に感謝を伝えたい。自分たちの社会貢献の最大目標が労働者の幸福であるような仕事を将来できるように、という彼らの真摯な取り組みに私たちは励まされ、鼓舞されている。

訳者あとがき

2013年にオックスフォード大学のマイケル・A・オズボーンとカール・ベネディクト・フレイが「雇用の未来」と題した論文で、機械に代替される可能性のある職業がどれだけあるかを試算し、世界に大きな衝撃を与えた。日本についても野村総合研究所がオズボーンおよびフレイと共同研究を行い、10～20年後に日本の労働人口の約49％が就いている職業において、人工知能やロボットへの代替が可能と推計している（野村総合研究所2015年12月2日のニュースリリース）。オズボーンとフレイの論文をきっかけに「AI／ロボットは仕事を奪うのか?」をめぐり、マーティン・フォード『ロボットの脅威――人の仕事がなくなる日』（松本剛史訳、日経BP）など、未来の仕事をテーマとした多数の本が出版された。

2021年に刊行された本書『*The Work of the Future: Building in an Age of Intelligent Machines*』は、2018年からマサチューセッツ工科大学（MIT）が総勢50名余りのチームでこのテーマに取り組んだ調査報告書である。タスクフォース・メンバーには経済学、経営学、政治学、機械工学、電子工学ほかさまざまな分野の研究者が名を連ね、その中には日本でも『機械との競争』（村井章子訳、日経BP）などの著書で名を知られるエリック・ブリニョルフソンや、

ＭＩＴコンピュータ科学・人工知能研究所所長でロボット工学の権威ダニエラ・ルスも入っている。

チームの研究者らは機械化の最先端をいく業界である保険、医療、物流・倉庫、製造業に的を絞って、労働者の代替がどの程度進んでいるかを調査し、それをもとに将来を予測した。それが第Ⅰ部である。第Ⅱ部では、機械化によって加速した仕事の二極化――高学歴・高技能の労働者に富が集中し、それ以外の労働者にとっては仕事が低賃金で雇用保障がないものになりつつある趨勢を止め、軌道修正するための方法を提言している。

未来の仕事を考えるときはつい「ＡＩ／ロボットに奪われない仕事は何か？　自分はどんな能力を身につけて、どんな職業を選択すればいいのか？」と個人の能力、個々の仕事に目が向きがちだ。しかし本書では、機械化の進展によって労働者が不利益を被らないために、国がどのような技術投資を行うべきか、労働法や税制をどのように変えるべきか、教育システムをどのように整備すべきか、というマクロの観点から未来の仕事を論じている。未来の仕事のあり方を社会の中で大きくとらえ、政治や官民の働きかけによって方向づけが可能であるとする姿勢が本書の特徴といえる。

そのため、本書は読者として政策担当者が意識されているが、そうではない一般の私たちにとっても読む意義は大きい。自分の未来や将来世代の人生は限りある個人の努力だけにかかっているのではなく、政策によって変えられると教えてくれるからだ。そして政策には微力でも国民として影響を及ぼせる可能性がある。労働者として以外の立場から未来の仕事を考える、という気づきを本書は与えてくれる。

とはいえ、個人が直接的にできることは何かもやはり気になるところだ。これについては全編を通じて繰り返し、特に第4章で、学び直しであるとされている。実は本書の共著者で労働経済学を専門としMITを代表する経済学者、デヴィッド・オーターがそれを地で行くような経歴の持ち主なので、最後にご紹介させていただきたい。オーターは最初に入った大学を中退した後、病院で事務員になり、その後ソフトウェア開発の仕事に就き、大学に再入学して心理学を専攻し、教育ボランティアを経て、公共政策を学ぶつもりで入った大学院で「これだ」と思える学問、経済学に出合い、経済学者になった。経済学ひとすじできた人よりスタートは遅れたが、心理学を学んだことは研究にプラスに働いているという*。学び直しといっても、時代の変化に合わせて常に正解を選びながら効率よく自分の進路を決める必要はない。そんな心強い例だと思う。

なお、日本語版の翻訳は原著の出版社より提供されたPDF版にもとづいて行った。

月谷真紀

* 国際通貨基金『ファイナンス&ディベロップメント』誌2017年12月号〈https://www.imf.org/external/japanese/pubs/ft/fandd/2017/12/pdf/people.pdf〉。

the Heartland: Place-Based Policies in 21st Century America," both in *Brookings Papers on Economic Activity*, Spring 2018.

21) See Robert D. Atkinson, Mark Muro, and Jacob Whiton, "The Case for Growth Centers: How to Spread Tech Innovation across America," Brookings Institution, December 19, 2019. https://www.brookings.edu/research/growth-centers-how-to-spread-tech-innovation-across-america.

22) Gruber and Johnson, *Jump-Starting America*.

23) Daron Acemoglu, Andrea Manera and Pascual Restrepo, "Taxes, Automation, and the Future of Labor," MIT Work of the Future Research Brief, 2020.

24) 名目上の納税者が誰か（企業か労働者か）にかかわらず、税は部分的に両者に課されることを経済学は教えてくれる。しかし、税が最終的に賃金を減らすのか利潤を減らすのかにかかわりなく、税は賃金と生産性を経済的に乖離させ労働者よりも分断の小さい資本に投資を偏らせる。

25) Daron Acemoglu and Pascual Restrepo, "The Race between Man and Machine: Implications of Technology for Growth, Factor Shares, and Employment," *American Economic Review* 108, no. 6 (2018): 1488–1542.

26) Matthew Smith, Danny Yagan, Owen Zidar, and Eric Zwick, "Capitalists in the Twenty-First Century," *Quarterly Journal of Economics* 134, no. 4 (2019): 1675–1745.

27) Acemoglu, Manera, and Restrepo, "Taxes, Automation, and the Future of Labor."

28) Nicholas Bloom, John Van Reenen, and Heidi Williams, "A Toolkit of Policies to Promote Innovation," *Journal of Economic Perspectives* 33, no. 3 (August 2019): 163–184.

Gruber and Johnson, *Jump-Starting America.*

10) 以下を参照のこと。Pierre Azoulay, Joshua S. Graff Zivin, Danielle Li, and Bhaven N. Sampat, "Public R&D Investments and Private-Sector Patenting: Evidence from NIH Funding Rules," *Review of Economic Studies* 86, no. 1 (January 2019): 117–152. この調査は、国立衛生研究所による公的な研究開発投資が民間セクターの特許取得の大幅な増加につながることを示している。

11) Robert M. Solow, "Technical Change and the Aggregate Production Function," *Review of Economics and Statistics* 39, no. 3 (August 1957): 312–320.〔ロバート・M・ソロー「技術の変化と集計的生産関数」『資本 成長 技能進歩』福岡正夫・神谷博造・川又邦雄訳、竹内書店新社、1970年所収〕

12) Hoffman et al., "Building a 21st-Century American Economy."

13) Van Reenen, "Innovation Policies to Boost Productivity."

14) Yasheng Huang and Meicen Sun, "China's Development in Artificial Intelligence," MIT Work of the Future Research Brief, 2021.

15) Van Reenen, "Innovation Policies to Boost Productivity."

16) Hoffman et al., "Building a 21st-Century American Economy"を参照。

17) Elisabeth B. Reynolds, Hiram M. Samel, and Joyce Lawrence, "Learning by Building: Complementary Assets and the Migration of Capabilities in U.S. Innovation Firms," in *Production in the Innovation Economy*, ed. Richard M. Locke and Rachel L. Wellhausen (Cambridge, MA: MIT Press, 2014).

18) 以下を参照のこと。Mercedes Delgado and Karen G. Mills, "The Supply Chain Economy: A New Industry Categorization for Understanding Innovation in Services," *Research Policy* 49, no. 8 (2020), art. 104039; Mercedes Delgado and Karen G. Mills, "The Supply Chain Economy: A New Industry Categorization for Understanding Innovation in Services," *Research Policy* 49, no. 8 (2020): 104039.

19) Benjamin Armstrong, "A Firm-level Study of Workforce Challenges at US Manufacturers," MIT Work of the Future Working Paper No. 12, 2021.

20) 地域トレンドと地域の衰退に対処する戦略の分析については、以下を参照のこと。Ryan Nunn and Jay Shambaugh, "The Geography of Prosperity," Brookings Institution, September 2018, https://www.brookings.edu/research/the-geography-of-prosperity; and Clara Hendrickson, Mark Muro, and William A. Galston, "Strategies for Left-Behind Places," and Benjamin Austin, Edward Glaeser, and Lawrence Summers, "Jobs for

for Computing Research. (Washington, DC: National Academy Press, 1999); Alex Roland and Philip Shiman, *Strategic Computing: DARPA and the Quest for Machine Intelligence, 1983–93* (Cambridge, MA: MIT Press, 2002); Arthur Norberg, Judy O'Neill, and Kerry Freedman, *Transforming Computer Technology: Information Processing for the Pentagon* (Baltimore, MD: Johns Hopkins University Press, 1996); Mariana Mazzucato, *The Entrepreneurial State: Debunking Public vs Private Sector Myths* (New York: PublicAffairs, 2013)〔マリアナ・マッツカート『企業家としての国家――イノベーション力で官は民に劣るという神話』大村昭人訳、薬事日報社、2015年〕.

3) Jonathan Gruber and Simon Johnson, *Jump-Starting America: How Breakthrough Science Can Revive Economic Growth and the American Dream* (New York: Hachette Book Group, 2019).
4) Gruber and Johnson, *Jump-Starting America.*
5) Orin Hoffman, Laura Manley, Michael Kearney, Amritha Jayanti, Tess Cushing, and Raina Gandhi, "Building a 21st-Century American Economy," The Role of Tough Tech in Ensuring Shared, Sustainable Prosperity," Harvard Kennedy School, Belfer Center, November 2020, https://www.belfercenter.org/publication/building-21st-century-american-economy.
6) Fred L. Block and Matthew R. Keller, *State of Innovation: the US Government's Role in Technology Development* (New York: Routledge, 2011).
7) Daniel Traficonte, "Patents over Planning: Industrial Capital and Federal Innovation Policy," PhD diss., Massachusetts Institute of Technology, 2021.
8) Brian Lucking, Nicholas Bloom, and John Van Reenen, "Have R&D Spillovers Declined in the 21st Century?," *Fiscal Studies* 40, no. 4 (2019): 561–590.
9) 本節はこのトピックについて複数の視点を参考にしている。以下を参照のこと。Erik Brynjolfsson, Seth Benzell, and Daniel Rock, "Understanding and Addressing the Modern Productivity Paradox," MIT Work of the Future Research Brief 13-2020, November 10, 2020; John Van Reenen, "Innovation Policies to Boost Productivity," Policy Proposal, The Hamilton Project, June 2020, https://www.hamiltonproject.org/assets/files/JVR_PP_LO_6.15_FINAL.pdf; Nicholas Bloom, John Van Reenen, and Heidi Williams, "A Toolkit of Policies to Promote Innovation," *Journal of Economic Perspectives* 33, no. 3 (August 2019): 163–184; and

Kochan, "What Forms of Representation Do American Workers Want? Implications for Theory, Policy, and Practice," *ILR Review*, September 2020.

21) Gabriel Nahmias, "Innovations in Collective Action in the Labor Movement: Organizing Workers beyond the NLRA and the Business Union," Work of the Future Working Paper No. 13, 2021.

22) 2018年に労働組合に加入していたのは白人の11.5%に対して黒人は13.8%だった。逆にヒスパニック系の労働者で組合に加入していたのは10.1%にすぎなかった。
以下を参照のこと。BLS Economic News Release: Union Members Survey, 1/22/2020, table 1, https://www.bls.gov/news.release/union2.nr0.htm.

23) Nahmias, "Innovations in Collective Action in the Labor Movement."

24) Thomas Kochan, "Worker Voice, Representation, and Implications for Public Policies," MIT Work of the Future Research Brief, July 8, 2020, 2, https://workofthefuture.mit.edu/research-post/worker-voice-representation-and-implications-for-public-policies.

25) NLRAには雇用主と被雇用者の関係が永続的でも排他的でもない労働市場における団体交渉を後押しする具体的な条項があるが、対象は建設セクターに限定されている。

第6章　イノベーションを生む制度

1) A. Hunter Dupree, *Science in the Federal Government: A History of Policies and Activities to 1940* (Cambridge, MA: Belknap Press of Harvard University Press, 1957); Merritt Roe Smith, *Harpers Ferry Armory and the New Technology: The Challenge of Change* (Ithaca, NY: Cornell University Press, 2015); Alfred D. Chandler, *The Visible Hand: The Managerial Revolution in American Business* (Cambridge, MA: Belknap Press of Harvard University Press, 1977)〔アルフレッド・D・チャンドラーJr.『経営者の時代――アメリカ産業における近代企業の成立』上・下、鳥羽欽一郎、小林袈裟治訳、東洋経済新報社、1979年〕; David Hounshell, *From the American System to Mass Production, 1800–1932: The Development of Manufacturing Technology in the United States* (Baltimore, MD: Johns Hopkins University Press, 1985)〔デーヴィッド・A・ハウンシェル『アメリカン・システムから大量生産へ――1800–1932』和田一夫、金井光太朗、藤原道夫訳、名古屋大学出版会、1998年〕.

2) National Research Council, *Funding a Revolution: Government Support*

Care Aides" and "Nursing Assistants and Orderlies" in *Occupational Outlook Handbook*、https://www.bls.gov/ooh/healthcare/home-health-aides-and-personal-care-aides.htm および https://www.bls.gov/ooh/healthcare/nursing-assistants.htm.

13) See "In Advanced and Emerging Economies Alike, Worries about Job Automation," *Global Attitudes & Trends Project* (blog), Pew Research Center, September 13, 2018, https://www.pewresearch.org/global/2018/09/13/in-advanced-and-emerging-economies-alike-worries-about-job-automation.

14) Business Roundtable, "Statement on the Purpose of a Corporation," August 2019, https://opportunity.businessroundtable.org/wp-content/uploads/2019/08/Business-Roundtable-Statement-on-the-Purpose-of-a-Corporation-with-Signatures.pdf.

15) Ellora Derenoncourt, Clemens Noelke, and David Weil, "Spillover Effects from Voluntary Employer Minimum Wages," paper presented at NBER Labor Studies Summer Institute, July 2020.

16) Paul Osterman, "In Search of the High Road: Meaning and Evidence," *ILR Review* 71, no. 1 (January 2018): 3–34.

17) Binyamin Appelbaum, "50 Years of Blaming Milton Friedman. Here's Another Idea," *New York Times*, September 18, 2020, sec. Opinion.

18) 例えば以下を参照のこと。James A. Schmitz Jr., "What Determines Productivity? Lessons from the Dramatic Recovery of the US and Canadian Iron Ore Industries Following Their Early 1980s Crisis," *Journal of Political Economy* 113, no. 3 (June 2005): 582–625.

19) ピュー・リサーチセンターの2018年の調査データでは、アメリカ人の51%が労働組合加入率が長期にわたり低下してきたことをおおむね良くないと考えていたのに対し、おおむね良いことと考えていたのは35%だった。民主党寄りの人々は68%が良くない、21%が良いという割合になった。共和党寄りの人々は53%が良い、34%が良くないという割合だった。Hannah Fingerhut, "More Americans View Long-Term Decline in Union Membership Negatively Than Positively," *FactTank* (blog), Pew Research Center, June 5, 2018, https://www.pewresearch.org/fact-tank/2018/06/05/more-americans-view-long-term-decline-in-union-membership-negatively-than-positively.

20) Thomas A. Kochan, Duanyi Yang, William T. Kimball, and Erin L. Kelly, "Worker Voice in America: Is There a Gap between What Workers Expect and What They Experience?," *ILR Review* 72, no. 1 (2019): 3–38; Alexander Hertel-Fernandez, William T. Kimball, and Thomas A.

Unemployment Insurance Reform," Upjohn Institute Working Paper 19-317, 2020.

5) 次の労働者は連邦政府の最低賃金を完全に免除されている。(1) ホワイトカラーの従業員、(2) 小規模農場で雇用されている農場労働者、(3) 季節限定の娯楽施設従業員、(4) 高齢者の付き添い。次の労働者は準最低賃金〔金額が最低賃金を下回る〕の支払い対象になる場合がある。(1) 障害のある労働者、(2) フルタイム学生、(3) 雇用されてから最初の連続90日間に20歳未満である従業員、(4) チップを受け取る従業員、(5) 研修生、(6) 見習い、(7) 配達員。現時点では、連邦政府が定めるチップを受け取らない労働者の最低賃金は時給7.25ドル、チップ労働者の最低賃金は時給2.13ドルである。以下を参照のこと。US Department of Labor, "Questions and Answers about the Minimum Wage," https://www.dol.gov/agencies/whd/minimum-wage/faq.

6) Doruk Cengiz, Arindrajit Dube, Attila Lindner, and Ben Zipperer, "The Effect of Minimum Wages on Low-Wage Jobs," *Quarterly Journal of Economics* 134, no. 3 (2019): 1405-1454.

7) ここでは具体的な数字を挙げないが、この政策の指針を示す研究がある。以下を参照のこと。Arindrajit Dube, "Impacts of Minimum Wages: Review of the International Evidence," report prepared for Her Majesty's Treasury (UK), November 2019.

8) Daniel Aaronson, "Price Pass-Through and the Minimum Wage," *Review of Economics and Statistics* 83, no. 1 (2001): 158-169; Christian Dustmann, Attila Lindner, Uta Schönberg, and Matthias Umkehrer, "Reallocation Effects of the Minimum Wage," CReAM Discussion Paper CDP 07/20 (London: Centre for Research and Analysis of Migration, University College London, February 2020).

9) 1993年の家族・医療休暇法は対象となる雇用主（一般に従業員50名以上の企業）に、医療や家族のための理由が条件を満たしていれば職を保障した無給休暇を与えることを求めている。

10) 低賃金労働者の経済的保障に関する格付けで、OECDは2015年にアメリカを29カ国中22位と評価した。最上位にランクインしたのはルクセンブルク、韓国、オーストリア、最下位グループはラトビア、エストニア、スロバキアだった。アメリカより下に位置づけられた西欧の国は23位のアイルランドと24位のスペインだけだった。（以下のサイトを参照のこと。https://stats.oecd.org/Index.aspx?QueryId=82334）

11) Paul Osterman, *Who Will Care for Us? Long-Term Care and the Long-Term Workforce* (New York: Russell Sage Foundation, 2017)

12) 以下を参照のこと。US Bureau of Statistics, "Home Health and Personal

34) 米国商工会議所財団が最近「学習・職業経験記録」を提案した。以下のウェブサイトを参照のこと。US Chamber of Commerce, American Workforce Policy Advisory Board：https://www.commerce.gov/americanworker/american-workforce-policy-advisory-board.
35) Alistair Fitzpayne and Ethan Pollack, “Lifelong Learning and Training Accounts: Helping Workers Adapt and Succeed in a Changing Economy” (New York: Aspen Institute Future of Work Initiative, May 2018), 1–12.
36) David J. Deming, Claudia Goldin, and Lawrence F. Katz, “The For-Profit Postsecondary School Sector: Nimble Critters or Agile Predators?,” *Journal of Economic Perspectives* 26, no. 1 (2012): 139–164; David J. Deming, Noam Yuchtman, Amira Abulafi, Claudia Goldin, and Lawrence F. Katz. “The Value of Postsecondary Credentials in the Labor Market: An Experimental Study,” *American Economic Review* 106, no. 3 (2016): 778–806.
37) Doug Lederman, “Online Is (Increasingly) Local,” *Inside Higher Ed*, June 5, 2019, https://www.insidehighered.com/digital-learning/article/2019/06/05/annual-survey-shows-online-college-students-increasingly?utm_source=naicu.
38) Dhawal Shah, “Year of MOOC-Based Degrees: A Review of MOOC Stats and Trends in 2018,” Class Central, January 6, 2019, https://www.classcentral.com/report/moocs-stats-and-trends-2018.
39) Sanjay Sarma and William B. Bonvillian, “Applying New Education Technologies to Meet Workforce Education Needs,” MIT Work of the Future Research Brief, October 2020.

第5章　雇用の質をどう改善するか

1) 「未来の仕事」タスクフォースの最終報告書を参照のこと：David Autor, David A. Mindell, and Elisabeth B. Reynolds, “The Work of the Future: Building Better Jobs in an Age of Intelligent Machines,” MIT Work of the Future, 2020, figure 7.
2) Tavneet Suri, “Universal Basic Income: What Do We Know?,” MIT Work of the Future Research Brief, 2020.
3) Katharine G. Abraham, Susan Houseman, and Christopher J. O’Leary, “Extending Unemployment Insurance Benefits to Workers in Precarious and Nonstandard Arrangements,” MIT Work of the Future Research Brief, November 2020.
4) Chris O’Leary and Stephen A. Wandner, “An Illustrated Case for

"PostSecondary Institution Expenses," May 2020, https://nces.ed.gov/programs/coe/indicator_cue.asp.

24) この事例の詳細とアメリカの労働者教育・訓練システムおよび新しい提供モデルの概説は、以下を参照のこと。William B. Bonvillian and Sanjay E. Sarma, *Workforce Education: A New Roadmap* (Cambridge, MA: MIT Press, 2021).

25) FCAについての詳細は以下の報道記事を参照のこと。Breana Noble, "FCA Has Hired 4,100 Detroit Residents for Its New Detroit Assembly Complex," *Detroit News*, October 21, 2020, https://www.detroitnews.com/story/business/autos/chrysler/2020/10/21/detroiters-filling-half-available-jobs-fcas-new-assembly-plant/6004528002/.

26) これらのプログラムの論評については以下を参照のこと。Osterman, "Skill Training for Adults."

27) 以下を参照のこと。A. Clochard-Bossuet and G. Westerman, "Understanding the Incumbent Workers' Decision to Train: The Challenges Facing Less Educated Workers," MIT Work of the Future Working Paper, 2020.

28) Fei Qin and Thomas Kochan, "The Learning System at IBM: A Case Study," draft report, MIT Sloan School of Management, December 2020.

29) 本節に関連する参考文献として、以下を参照のこと。Osterman, "Skill Training for Adults.".

30) Paul Osterman, "How Americans Obtain Their Work Skills," MIT Sloan School Working Paper, 2020.

31) スキル開発に関して複数の州のさまざまな利害関係者が協力する例はthe Greater Washington Partnershipのウェブサイト http://www.greaterwashingtonpartnership.com を参照のこと。

32) 職場の技術変化に影響を与えるために雇用主を関与させるテクニックの利用など、労働者支援のための地域連携の例について、さらに詳しくは以下を参照のこと。Nichola Lowe, *Putting Skill to Work: How to Create Good Jobs in Uncertain Times* (Cambridge, MA: MIT Press, 2021).

33) 製造業拡大パートナーシップ（MEP）がMEPの全国ネットワークのオンライン調査とフォーカスグループ調査を用いて、資格は企業に「日常的に求められたり利用されたりしていない」と結論づけた。これは、2012年と2013年に実施された全国代表調査の結果とも一致している。こちらの調査では「御社では中核社員の採用に、業界団体や全国試験サービス会社が提供しているような正式な業界技能資格システムを利用しますか？」という質問に肯定的な回答をした製造企業が7.4％しかなかった。Osterman, "Skill Training for Adults"を参照のこと。

121.

14) Susan Scrivener, Michael J. Weiss, Alyssa Ratledge, Timothy Rudd, Colleen Sommo, and Hannah Fresques, "Doubling Graduation Rates: Three-Year Effects of CUNY's Accelerated Study in Associate Programs (ASAP) for Developmental Education Students," SSRN Scholarly Paper (Rochester, NY: Social Science Research Network, 2015).

15) Eli Zimmerman, "Major Companies Partner with Colleges for Education Opportunities in Emerging Tech," *EdTech: Focus on Higher Education*, 2018

16) M. Cormier, L. Pellegrino, T. Brock, H. Glatter, R. Kazis, and J. Jacobs, "Automation and Technological Changes in the Workplace: Implications for Community College Workforce Training Programs," Columbia University, Teachers College, Community College Research Center, forthcoming.

17) Osterman, "Skill Training for Adults."

18) Katz, Roth, Hendra, and Schaberg, "Why Do Sectoral Employment Programs Work?"

19) 高校の職業教育についての論文は以下を参照のこと。Marianne Bertrand, Magne Mogstad, and Jack Mountjoy, "Improving Educational Pathways to Social Mobility: Evidence from Norway's 'Reform 94'" (*Journal of Labor Economics, forthcoming*): 高校の職業教育はアメリカでは歴史的に賛否両論があった。主な理由は、すぐに通用する職業技能を教える反面、おおむね恵まれない境遇にいる生徒を一般教養課程で得られる教育やキャリアの柔軟な選択肢から遠ざけてしまうというトレードオフがあるとみなされたためだ。

20) このモデルほか新しい提供モデルの例については、以下を参照のこと。William B. Bonvillian, Sanjay Sarma, Meghan Perdue, and Jenna Myers, *The Workforce Education Project Preliminary Report*, MIT Office of Open Learning, April 2020.

21) Robert Lerman, "Scaling Apprenticeships to Increase Human Capital," in *Expanding Economic Opportunity for More Americans*, ed. Melissa Kearney and Amy Ganz (Washington, DC: Aspen Institute, February, 2019), 56–75.

22) Kathleen Thelen and Christian Lyhne Ibsen, "Growing Apart: Efficiency and Equality in the German and Danish VET Systems," MIT Work of the Future Research Brief, October 2020.

23) US Department of Education, National Center for Education Statistics,

Technical Education and Labor Market Outcomes: Evidence from California Community Colleges." *Journal of Human Resources*, 54, no. 4 (2019): 986–1036; Christopher Jepsen, Kenneth Troske, and Paul Coomes, "The Labor-Market Returns to Community College Degrees, Diplomas, and Certificates," *Journal of Labor Economics* 32, no. 1 (2014): 95–121.

8) Jepsen, Troske, and Coomes, "The Labor-Market Returns"で次のように説明されている通りである。「コミュニティカレッジは、個人に人的資本を獲得する機会をいくつか提供する多様性に富んだ機関である。コミュニティカレッジは学位、卒業証書、修了証という3種類の証明書のいずれかを授与する。修了証は主に技術系のプログラムで授与され、通常は1学期ないし2学期受講する必要がある。例えば、カルテのコーディング・スペシャリスト、ITネットワーク管理者、自動車整備士、電気技師などがこれに当たる。卒業証書には通常1年間以上の勉強が必要で、これも外科技術、会計、実践看護など技術分野で最も一般的である。準学士号に必要な単位数は、専攻分野にもよるが60〜76と最も多い。準学士号プログラムのカリキュラムは四年制大学の最初の2年間と共通するものが多く、リベラルアーツや一般教育課程のほか、正看護師など特定の職業に合わせたものもある。一般的に準学士号の単位は四年制大学の学士号の単位として認められる」

9) Stevens, Kurlaender, and Grosz, "Career Technical Education and Labor Market Outcomes."

10) 次の節はLawrence F. Katz, Jonathan Roth, Richard Hendra, and Kelsey Schaberg, "Why Do Sectoral Employment Programs Work? Lessons from WorkAdvance," NBER Working Paper 28248 (Cambridge, MA: National Bureau of Economic Research, December 2020) に多くを拠っている。

11) 以下を参照のこと。David Deming, "The Growing Importance of Social Skills in the Labor Market," *Quarterly Journal of Economics* 132, no. 4 (2017): 1593–1640.

12) See Paul Osterman, "Skill Training for Adults," MIT Work of the Future Research Brief, 2020

13) 以下を参照のこと。Thomas J. Kane and Cecilia E. Rouse, "Labor-Market Returns to Two- and Four-Year College: Is a Credit a Credit and Do Degrees Matter?," *American Economic Review* 85, no. 3 (1995): 600–614; and Christopher Jepsen, Kenneth Troske, and Paul Coomes. "The Labor-Market Returns to Community College Degrees, Diplomas, and Certificates," *Journal of Labor Economics* 32, no. 1 (January 1, 2014): 95–

SSRN Electronic Journal, January 2019, 10.2139/ssrn.3377771.
32) Helper, Reynolds, Traficonte, and Singh, "Factories of the Future," 4.
33) Suzanne Berger, Lindsay Sanneman, Daniel Traficonte, Anna Waldman-Brown, and Lukas Wolters, "Manufacturing in America: A View from the Field," MIT Work of the Future Research Brief, 2020.
34) Sanneman, Fourie, and Shah, "The State of Industrial Robotics."
35) Anna Waldman-Brown, "Redeployment or Robocalypse? Workers and Automation in Ohio Manufacturing SMEs," *Cambridge Journal of Regions, Economy and Society* 13, no. 1, (2020): 99–115.
36) Haden Quinlan and John Hart, "Additive Manufacturing: Implications for Technological Change, Workforce Development, and the Product Lifecycle," MIT Work of the Future Research Brief, November 2020.
37) 経済用語で言うと、産業の生産物の需要が弾力的か非弾力的か、つまり、価格の低下が生み出す需要増が価格低下に比例する量を上回るか下回るか次第である。

第4章　「よい仕事」のための教育と訓練

1) David Autor, "Skills, Education, and the Rise of Earnings Inequality among the 'Other 99 percent,'" *Science* 344, no. 6186 (2014): 843–851.
2) David Autor, David Mindell, and Elisabeth Reynolds, "The Work of the Future: Building Better Jobs in an Age of Intelligent Machines," MIT Work of the Future, 2020.
3) Christopher Avery and Sarah Turner (2012). Student Loans: Do College Students Borrow Too Much—Or Not Enough? *Journal of Economic Perspectives* 26, no. 1 (2012): 165–192.
4) Seth D. Zimmerman, "The Returns to College Admission for Academically Marginal Students," *Journal of Labor Economics* 32, no. 4 (2014): 711–754.
5) 残念ながら、図2.2の作成に使用した就業状態調査（CPS）の過去データは、対象期間のほとんどについて短大の学位取得者と二年制ないし四年制大学に在学したが学位を取得しなかった者を区別していない。この分類の不備のせいで二年制大学の修了による所得上の利益の一部がわからなくなっている可能性がある。
6) Clive Belfield and Thomas Bailey, "The Labor Market Returns to Sub-Baccalaureate College: A Review. A CAPSEE Working Paper" (New York: Center for Analysis of Postsecondary Education and Employment, 2017).
7) Anne Huff Stevens, Michal Kurlaender, and Michel Grosz. "Career

http://dx.doi.org/10.2139/ssrn.3859496.
17) Leonard, Mindell, and Stayton, "Autonomous Vehicles, Mobility, and Employment Policy.
18) Erica L. Groshen, Susan Helper, John Paul MacDuffie, and Charles Carson, "Preparing U.S. Workers and Employers for an Autonomous Vehicle Future" (Kalamazoo, MI: W. E. Upjohn Institute, June 1, 2018).
19) David A. Mindell, *Our Robots, Ourselves: Robotics and the Myths of Autonomy* (New York: Viking Penguin, 2015).
20) 以下を参照のこと。Russell Glynn, Mario Goetz, and Kevin X. Shen, "Avenues of Institutional Change: Technology and Urban Mobility in Southeast Michigan," MIT Work of the Future Working Paper 08-2020, December 11, 2020.
21) Glynn, Goetz, and Shen, "Avenues of Institutional Change."
22) Arshia Mehta and Frank Levy, "Warehousing, Trucking, and Technology: The Future of Work in Logistics," MIT Work of the Future Research Brief, September 8, 2020, https://workofthefuture.mit.edu/research-post/warehousing.
23) Mehta and Levy, "Warehousing, Trucking, and Technology."
24) Bridget McCrea, "Reader Survey: There's No Stopping Warehouse Automation," *Logistics Management*, July 23, 2020, https://www.logisticsmgmt.com/article/theres_no_stopping_warehouse_automation_covid_19.
25) Mehta and Levy, "Warehousing, Trucking, and Technology."
26) 明らかにこれは生産性そのものが低下したのではなく、製品が変化したことを示唆しているだろう。つまり企業が従来から行っていることをうまくできなくなったのではなく、現在の要求水準が上がったのである。
27) Mehta and Levy, "Warehousing, Trucking, and Technology."
28) Lindsay Sanneman, Christopher Fourie, and Julie Shah, "The State of Industrial Robotics: Emerging Technologies, Challenges and Key Research Directions," MIT Work of the Future Research Brief, RB15-2020.
29) Sanneman, Fourie, and Shah, "The State of Industrial Robotics," 28.
30) Susan Helper, Elisabeth Reynolds, Daniel Traficonte, and Anuraag Singh. "Factories of the Future: Technology, Skills, and Innovation at Large Manufacturing Firms," MIT Work of the Future Research Brief, 2021.
31) Susan Helper, Raphael Martins, and Robert Seamans, "Who Profits from Industry 4.0? Theory and Evidence from the Automotive Industry,"

Addressing the Modern Productivity Paradox," MIT Work of the Future Research Brief 13-2020, November 10, 2020.

5) Malone, Rus, and Laubacher, "Artificial Intelligence and the Future of Work."

6) Rodney Brooks, "Steps toward Super Intelligence II, Beyond the Turing Test," [FoR&AI] (blog), July 15, 2018, https://rodneybrooks.com/forai-steps-toward-super-intelligence-ii-beyond-the-turing-test.

7) Elisabeth Reynolds and Anna Waldman-Brown, "Digital Transformation in a White-Collar Firm: Implications for Workers across a Continuum of Jobs and Skills," MIT Work of the Future Working Paper, 2021.

8) Bronsoler, Doyle, and Van Reenen, "The Impact of New Technology on the Healthcare Workforce."

9) Paul Osterman, *Who Will Care for Us? Long-Term Care and the Long-Term Workforce* (New York: Russell Sage Foundation, 2017).

10) Margot Sanger-Katz, "Why 1.4 Million Health Jobs Have Been Lost during a Huge Health Crisis," *New York Times*, May 10, 2020, B4.

11) Nicholas Bloom, Renata Lemos, Raffaella Sadun, and John Van Reenen, "Healthy Business? Managerial Education and Management in Health Care," *Review of Economics and Statistics* 102, no. 3 (2020): 506-517.

12) Richard Hillestad, James Bigelow, Anthony Bower, Federico Girosi, Robin Meili, Richard Scoville, and Roger Taylor, "Can Electronic Medical Record Systems Transform Health Care? Potential Health Benefits, Savings, and Costs," *Health Affairs* 24, no. 5 (2005): 1103-1117.

13) Arthur L. Kellermann and Spencer S. Jones, "What It Will Take to Achieve the As-Yet-Unfulfilled Promises of Health Information Technology," *Health Affairs* 32, no. 1 (2013): 63-68.

14) Zeng Xiaoming, "The Impacts of Electronic Health Record Implementation on the Health Care Workforce," *North Carolina Medical Journal* 77, no. 2 (2016): 112-114.

15) John J. Leonard, David A. Mindell, and Erik L. Stayton, "Autonomous Vehicles, Mobility, and Employment Policy: The Roads Ahead," MIT Work of the Future Research Brief 02-2020, July 22, 2020, https://workofthefuture.mit.edu/research-post/autonomous-vehicles-mobility-and-employment-policy-the-roads-ahead.

16) 電気自動車の採用とそれが仕事に与える影響を推定する最近のモデルのレビューは以下を参照のこと。Anuraag Singh, "Modeling Technological Improvement, Adoption, and Employment Effects of Electric Vehicles: A Review," MIT Work of the Future Working Paper, forthcoming,

60) Barry Naughton, *The Chinese Economy: Transitions and Growth* (Cambridge, MA: MIT Press, 2007).

61) 低・中所得の労働者の不平等に制度の違いが重要な役割を果たしたエビデンスについて、さらに詳しくは以下を参照のこと。
Stijn Broecke, Glenda Quintini, and Marieke Vandeweyer, "Wage Inequality and Cognitive Skills: Reopening the Debate," in *Education, Skills, and Technical Change: Implications for Future US GDP Growth*, ed. Charles R. Hulten and Valerie A. Ramey, vol. 77 of *Studies in Income and Wealth* (Chicago: University of Chicago Press, 2018).

63) 以下を参照のこと。David H. Autor, Alan Manning, and Christopher L. Smith, "The Contribution of the Minimum Wage to US Wage Inequality over Three Decades: A Reassessment," *American Economic Journal: Applied Economics* 8, no. 1 (2016): 58–99; Doruk Cengiz, Arindrajit Dube, Attila Lindner, and Ben Zipperer. "The Effect of Minimum Wages on Low-Wage Jobs," *Quarterly Journal of Economics* 134, no. 3 (2019): 1405–1454; Ellora Derenoncourt and Claire Montialoux, "Minimum Wages and Racial Inequality," *Quarterly Journal of Economics* 136, no. 1 (2021): 169–228; and Ellora Derenoncourt, and Claire Montialoux, "Opinion: To Reduce Racial Inequality, Raise the Minimum Wage," *New York Times*, October 25, 2020.

64) David Weil, *The Fissured Workplace: Why Work Became So Bad for So Many and What Can Be Done to Improve It* (Cambridge: Harvard University Press. 2014).

65) 以下を参照のこと。Christine Walley, "Robots as Symbol and Social Reality," MIT Work of the Future Research Brief 10–2020, October 29, 2020; Steven Greenhouse, *Beaten Down, Worked Up: The Past, Present, and Future of American Labor* (New York: Knopf, 2019).

第3章　テクノロジーとイノベーション

1) Christine J. Walley, "Robots as Symbols and Social Technology," MIT Work of the Future Research Brief 10-2020, October 29, 2020.

2) Thomas M. Malone, Daniela Rus, and Robert Laubacher, "Artificial Intelligence and the Future of Work," MIT Work of the Future Research Brief 17–2020, December 17, 2020.

3) Ari Bronsoler, Joseph Doyle, and John Van Reenen, "The Impact of New Technology on the Healthcare Workforce," MIT Work of the Future Research Brief 09–2020, October 26, 2020.

4) Erik Brynjolfsson, Seth Benzell, and Daniel Rock, "Understanding and

48) Daron Acemoglu, Claire LeLarge, and Pascual Restrepo, "Competing with Robots: Firm-Level Evidence from France," NBER Working Paper 26738 (Cambridge, MA: National Bureau of Economic Research, February 2020).
49) この発見は最近の2本の論文に報告されている: David Autor, David Dorn, Lawrence F. Katz, Christina Patterson, and John Van Reenen, "The Fall of the Labor Share and the Rise of Superstar Firms," *Quarterly Journal of Economics* 135, no. 2 (May 1, 2020): 645-709; and Matthias Kehrig and Nicolas Vincent, "The Micro-Level Anatomy of the Labor Share Decline," NBER Working Paper 25275 (Cambridge, MA: National Bureau of Economic Research, rev. October 2020).
50) Abhijit V Banerjee and Esther Duflo, "Inequality and Growth: What Can the Data Say?," *Journal of Economic Growth* 8, no. 3 (2003): 267-299.
51) Raj Chetty, David Grusky, Maximilian Hell, Nathaniel Hendren, Robert Manduca, and Jimmy Narang, "The Fading American Dream: Trends in Absolute Income Mobility Since 1940," Science 356, no. 6336 (2017): 398-406.
52) イギリスとデンマークはそれぞれ9%と11.7%である。
53) Lawrence F. Katz and Alan B. Krueger, "Documenting Decline in U.S. Economic Mobility," *Science* 356, no. 6336 (2017): 382-383, https://doi.org/10.1126/science.aan3264.
54) Bart Van Ark, Mary O'Mahoney, and Marcel P. Timmer, "The Productivity Gap between Europe and the United States: Trends and Causes," *Journal of Economic Perspectives* 22, no. 1 (2008): 25-44, https://www.aeaweb.org/articles?id=10.1257/jep.22.1.25.
55) Brynjolfsson, Benzell, and Rock, "Understanding and Addressing the Modern Productivity Paradox."
56) Philippe Aghion, Ufuk Akcigit, Antonin Bergeaud, Richard Blundell, and David Hemous, "Innovation and Top Income Inequality," *Review of Economic Studies* 86, no. 1 (2019): 1-45.
57) むしろ、次の主張のほうが説得力がある。すなわち、民主的な自由市場制度の基盤となる公的なコンセンサスを維持するために、大多数の市民の機会と経済的流動性を守る必要がある、と。
58) Brynjolfsson, Benzell, and Rock, "Understanding and Addressing the Modern Productivity Paradox."
59) David Autor, David Dorn, Gordon Hanson, and Kaveh Majlesi, "Importing Political Polarization? The Electoral Consequences of Rising Trade Exposure," *American Economic Review* 110, no. 10 (2020): 3139-3183.

見と一致する。以下を参照のこと。Ellora Derenoncourt, "Can You Move to Opportunity? Evidence from the Great Migration," Princeton University Working Paper, December 2019; and Raj Chetty, Nathaniel Hendren, Maggie R. Jones, and Sonya R. Porter. "Race and Economic Opportunity in the United States: An Intergenerational Perspective," *Quarterly Journal of Economics* 135, no. 2 (2020): 711–783.

41) 図2.8は人口層別の非都市部に対する都市部の賃金の変化を伝えている点に私たちは注目している。非大卒の賃金プレミアムの急減が反映しているのは、非大卒労働者の都市部の賃金の減少、非大卒労働者の非都市部の賃金の上昇、あるいは両方、どれも可能性がある。

42) Loukas Karabarbounis and Brent Neiman, "The Global Decline of the Labor Share," *Quarterly Journal of Economics* 129, no. 1 (2014): 61–103.

43) これについての論考は、以下を参照のこと。Charles I. Jones and Paul M. Romer, "The New Kaldor Facts: Ideas, Institutions, Population, and Human Capital," *American Economic Journal: Macroeconomics* 2, no. 1 (January 2010): 224–245.

44) これについては以下の文献でもっと説得力を持って論じられている。Thomas Philippon, *The Great Reversal: How America Gave Up on Free Markets* (Cambridge, MA: Belknap Press of Harvard University Press, 2019).

45) 市場支配力の増大と労働者の取り分の減少に関係があることのエビデンスは、以下を参照のこと。Jan De Loecker, Jan Eeckhout, and Gabriel Unger, "The Rise of Market Power and the Macroeconomic Implications," *Quarterly Journal of Economics* 135, no. 2 (January 23, 2020): 561–644.

46) Philippon, *The Great Reversal*は、ほとんどの国では反トラスト政策を緩和していないと主張し、ほとんどの国で労働者の取り分が減少したことについて異論を唱えている。後者のエビデンスについては以下を参照のこと。Germán Gutiérrez and Sophie Piton, "Revisiting the Global Decline of the (Non-Housing) Labor Share," *American Economic Review: Insights* 2, no. 3 (2020): 321–338.

47) 以下を参照のこと。Michael W. L. Elsby, Bart Hobijn, and Ayşegül Şahin, "The Decline of the U.S. Labor Share," *Brookings Papers on Economic Activity* 2013, no. 2 (2013): 1–63.; David Autor and Anna Salomons, "Is Automation Labor Share-Displacing? Productivity Growth, Employment, and the Labor Share," *Brookings Papers on Economic Activity* 2018, no. 1 (2018): 1–87; and Acemoglu and Restrepo, "Robots and Jobs."

33) Ari Bronsoler, Joseph Doyle, and John Van Reenen, "The Impact of New Technology on the Healthcare Workforce: A White Paper," MIT Work of the Future Research Brief, October 2020.
34) "Measuring and Assessing Job Quality: The OECD Job Quality Framework," In *OECD Social, Employment and Migration Working Papers*, vol. 174, December 18, 2015.
35) この比較を行うにあたってOECDは低技能労働者を高卒未満の者と定義している。中技能労働者（中等教育〔高校〕を修了した者と定義）に関する同様の比較では、アメリカは21カ国中10位に入っており、11～14位はイギリス、日本、フィンランド、カナダ、6～9位は韓国、チェコ、ポルトガル、アイルランドである（https://stats.oecd.org/Index.aspx? QueryId=82334）。
36) Jérôme Gautié and John Schmitt, *Low Wage Work in Wealthy Countries* (New York: Russell Sage Foundation, 2009), https://www.russellsage.org/publications/low-wage-work-wealthy-world.
37) Nicholas Kristof, "McDonald's Workers in Denmark Pity Us," New York Times, May 8, 2020.
38) 新型コロナ禍が世界を席巻している現状に照らして、すべてのデンマーク人に医療と有給病気休暇が与えられていることは特筆に値する。ただしこれらの福利厚生を提供しているのはアメリカでは通常は雇用主であるが、デンマークでは国である。
39) 2015年に都市部の通勤圏で最も人口が集中している4分の1に住む非大卒の白人が6人に1人だったのに対し、非大卒のヒスパニック系は4人に1人、非大卒の黒人は3人に1人弱（29%）だった。要するに、多くの人種的マイノリティの労働者がアメリカの労働市場で衰退しつつある都市の中間層に位置づけられる。明るい要素は、黒人とヒスパニック系の大卒者も都市の労働市場の最も人口の集中している4分の1に偏って多いことである。その割合は、白人の大卒労働者の26%に対して、ヒスパニック系の大卒労働者は34%、黒人の大卒労働者が35%である。
40) まだ希望が持てるのは、大卒者のほとんどの下位集団において、高賃金職と低賃金職の雇用がともに増えるという形で二極化が表れていたことだ。ただしこの一般的傾向の中で、黒人男性の大卒者は例外である。中程度の賃金の職に占める彼らの雇用割合は7%下がり、低賃金職に占める彼らの雇用割合は5%近く上がった。つまり、彼らは学歴が高いにもかかわらず、非都市部に比べ都市部の労働市場で職業の下方移動を示している。この過酷な発見は、「大移動」〔20世紀前半に起きた、南部から北部への黒人の移住〕後に黒人の都市住民の上方移動が鈍化したことを示すエローラ・デレノンコートの発見や、アメリカの貧しい都市部で育った黒人男性の労働市場成果が並外れて乏しいと述べているチェティらの発

はオーストラリア、カナダ、アイルランド、イギリス、アメリカを指す。西欧諸国はフランス、ドイツ、イタリア、スペイン、北欧諸国はデンマーク、フィンランド、オランダ、ノルウェー、スウェーデンである。上位1%の所得が全体に占める割合は今挙げた国々のいずれにおいても15%を超えず、一般的にははるかに低い（北欧では10%未満）。アメリカ以外の国で9%ポイント増えたところはない（イギリスはその水準に近いが）。

26) "American Inequality Reflects Gross Incomes as Much as Taxes," *Economist*, April 13, 2019.

27) 誤解のないように言えば、これらの職が減少したのはデジタル化のせいだけではない。2000年代に国際貿易が中技能の生産や機械操作の仕事の消滅に大きく加担した。以下を参照のこと。David H. Autor, David Dorn, and Gordon H. Hanson, "The China Shock: Learning from Labor-Market Adjustment to Large Changes in Trade," *Annual Review of Economics* 8, no. 1 (2016): 205–240.

28) 第3章の自動運転車に関して論じた部分および以下を参照のこと。John Leonard, David Mindell, and Erik Stayton, "Autonomous Vehicles, Mobility, and Employment Policy: The Roads Ahead," MIT Work of the Future Research Brief, July 22, 2020, https://workofthefuture.mit.edu/research-post/autonomous-vehicles-mobility-and-employment-policy-the-roads-ahead.

29) US Bureau of Labor Statistics, Employment Projections, table 1.4: Occupations with the Most Job Growth, 2019 and Projected 2029, https://www.bls.gov/emp /tables/occupations-most-job-growth.htm.

30) 4位から7位の職業もここで述べたことの例証となっている。すなわち事務員、重役秘書・重役補佐、検査・試験・選別・試料検査・計量担当者、簿記・会計・監査事務である。

31) これらの予測は知識の裏付けのある推測として理解すべきだが、労働統計局は多彩な職業の雇用トレンドの予測に優れた実績がある。以下を参照のこと。Andrew Alpert and Jill Auyer, "Evaluating the BLS 1988–2000 Employment Projections," *Monthly Labor Review* (October 2003): 13–37.

32) アメリカは人口高齢化が進むため、医療職の雇用は2016年から2026年にかけて18%増え（全体の雇用の7倍以上の速さ）、240万人分の雇用が新たに発生すると予想されている。

Mercedes Delgado and Karen G. Mills, "The Supply Chain Economy: A New Industry Categorization for Understanding Innovation in Services," Research Policy 49, no. 8 (October 2020).

つけなければならなくなる。私たちの主張は、ほとんどの賃金差が生産性の差よりも制度要因を表すということではない。そうではなく、生産性の差と賃金差がスキル投資、テクノロジー投資、制度の複合的な結果だと私たちは見ている。さらに、スキルとテクノロジーの選択そのものが制度の影響を受け、逆もまたしかりである。これについての論考は、以下を参照のこと。Brynjolfsson, Benzell, and Rock, "Understanding and Addressing the Modern Productivity Paradox," and Acemoglu and Restrepo, "The Race between Man and Machine."

19) Florian Hoffmann, David S. Lee, and Thomas Lemieux, "Growing Income Inequality in the United States and Other Advanced Economies," *Journal of Economic Perspectives* 34, no. 4 (2020): 52–78.

20) Marcus Stanley, "College Education and the Midcentury GI Bills," *Quarterly Journal of Economics* 118, no. 2 (2003): 671–708.

21) David Autor, Claudia Goldin, and Lawrence F. Katz, "Extending the Race between Education and Technology," *AEA Papers and Proceedings* 110 (2020): 347–351.

22) 1979年に、賃金分布の中央に位置するアメリカ人男性の60%が高卒以下だったのに対し、学士号以上を有するアメリカ人男性はわずか20%だった。2018年には、所得分布の中間層の男性の少なくとも35%が四年制大学の学位を取得しており(75%増)、高卒以下の男性はわずか3分の1になっていた。中間層の働く女性の高学歴化はさらに進んだ。四年制大学の学位の取得率は13%から45%へと3倍になり、一方で高卒以下の割合は68%から22%に減少した。統計はそれぞれの年の男女別時給分布の45〜55パーセンタイルの労働者のものである。以下の文献のtable 5から引用した。Sarah A. Donovan and David H. Bradley, "Real Wage Trends, 1979 to 2018" (Washington, DC: Congressional Research Service, 2019), 35.

23) See Facundo Alvaredo, Lucas Chancel, Thomas Piketty, Emmanuel Saez, and Gabriel Zucman, eds., *World Inequality Report* 2018 (Cambridge, MA: Belknap Press of Harvard University Press, 2018).

24) Brynjolfsson, Benzell, and Rock, "Understanding and Addressing the Modern Productivity Paradox"; Thomas Piketty, Emmanuel Saez, and Stefanie Stantcheva, "Optimal Taxation of Top Labor Incomes: A Tale of Three Elasticities," *American Economic Journal: Economic Policy* 6, no. 1 (2014): 230–271; Josh Bivens and Lawrence Mishel, "The Pay of Corporate Executives and Financial Professionals as Evidence of Rents in Top 1 Percent Incomes," *Journal of Economic Perspectives* 27, no. 3 (2013): 57–78.

25) Alvaredo et al., *World Inequality Report 2018*を参照のこと。英語圏と

た強力な新テクノロジーは一見するとまんべんなく普及しているようだが、近年のアメリカの生産性成長率は期待に反して低いとしている。アメリカの生産性の伸び率は1995年から2005年にかけて年間平均2.8%だったが、それ以降は半減を下回る速度に落ちた。測定法のせいで生産性が落ちたように見えるのだという主張もあったが、チャド・サイヴァーソンは誤測定が主な原因になるほど大きいとは考えられないさまざまなエビデンスを提示している。以下を参照のこと。Chad Syverson. “Challenges to Mismeasurement Explanations for the US Productivity Slowdown,” *Journal of Economic Perspectives* 31, no. 2 (2017): 165–86. この結論を補うものとして、ブリニョルフソン、ベンゼル、ロックは生産性の鈍化が始まる以前の誤測定のほうがおそらくは大きかったことを見出している。つまり誤測定は生産性の低下を説明するどころかむしろ謎を深めているということだ。以下を参照のこと。Erik Brynjolfsson, Seth Benzell, and Daniel Rock, “Understanding and Addressing the Modern Productivity Paradox,” MIT Work of the Future Research Brief 13-2020, November 10, 2020.

14) これについての論考は、以下に掲載された4本の記事を参照のこと。“Symposium: The Slowdown in Productivity Growth,” *Journal of Economic Perspectives* 4, no. 2 (Fall 1988): 3–97.

15) 報告された「実質」賃金水準の変化はおおよそで捉えるべきである。というのも、単一の生計費指数を使って数十年間の生活水準の変化をすべて把握することはできないからだ。実際、中間層の労働者の真の購買力はこれらの数字が示唆するよりもおそらく速く上昇しており、それはここに記したよりもおそらく生産性の向上が速く、実質賃金の停滞が深刻ではなかったことを意味している。しかしこのような但し書きはついても、図2.4と2.5が示す要点は変わらない。すなわち、過去40年間に中位所得が生産性の成長とは相対的に停滞し、女性の所得は男性の所得より速く上昇し、白人の所得は黒人やヒスパニック系より速く上昇したことだ。

16) Edward P. Lazear, “Productivity and Wages: Common Factors and Idiosyncrasies across Countries and Industries,” NBER Working Paper 26428 (Cambridge, MA: National Bureau of Economic Research, 2019).

17) 以下の文献のtable 2.1を参照のこと。OECD, “Decoupling of Wages from Productivity: What Implications for Public Policies?,” in *OECD Economic Outlook*, vol. 2018, no. 2. OECDの報告書は1995年から2013年までの各年度のデータを調査している。

18) 賃金は生産性を反映するだけでなく、労働者がどれだけ生産的に使われるかも決定する。例えば、最低賃金が上がれば、雇用主は低賃金労働者を使うコストの増加を正当化するために彼らの生産性を上げる方法を見すことはもちろんありうる。例えば以下を参照のこと。Daron Acemoglu and Pascual Restrepo, "Robots and Jobs: Evidence from U.S. Labor Markets," *Journal of Political Economy* 128, no. 6 (2019): 2188–2244.

6) この考え方の理論的分析と実証的エビデンスについては、以下を参照のこと。Daron Acemoglu and Pascual Restrepo, "The Race between Man and Machine: Implications of Technology for Growth, Factor Shares, and Employment," *American Economic Review* 108, no. 6 (2018): 1488–1542; Daron Acemoglu and Pascual Restrepo, "Automation and New Tasks: How Technology Displaces and Reinstates Labor," *Journal of Economic Perspectives* 33, no. 2 (2019): 3–30; and David Autor, Anna Salomons, and Bryan Seegmiller, "New Frontiers: The Origins and Content of New Work, 1940–2018," mimeo, MIT Department of Economics, 2020.

7) "New Frontiers"に掲載したこの図を作成するにあたって、オーター、サロモンズ、シーグミラーは時系列データを用い、1940年から2018年までの10年ごとに、米国国勢調査局の職業コードマニュアルに追加された新しい仕事を拾っている。

8) 以下を参照のこと。Daniel P. Gross and Bhaven N. Sampat, "Inventing the Endless Frontier: The Effects of the World War II Research Effort on Post-War Innovation," NBER Working Paper 27375 (Cambridge, MA: National Bureau of Economic Research, 2020); Daniel P. Gross and Bhaven N. Sampat, "Organizing Crisis Innovation: Lessons from World War II," NBER Working Paper 27909 (Cambridge, MA: National Bureau of Economic Research, 2020).

9) Autor, Salomons, and Seegmiller, "New Frontiers"を参照のこと。

10) Christine Walley, "Robots as Symbol and Social Reality," MIT Work of the Future Research Brief, October 2020を参照のこと。

11) 国民所得の約60%が賃金と福利厚生の形で支払われている。Federal Reserve Bank of St. Louis, Economic Research, https://fred.stlouisfed.org/series/LABSHPUSA156NRUG.

12) OAPECは1973年10月にいきなり原油の産出を抑えた(「禁輸措置」)。1973年の第四次中東戦争でイスラエルを支持した国々への制裁であることは明らかだった。以下を参照のこと。Daniel Yergin, *The Prize: The Epic Quest for Oil, Money & Power* (New York: Free Press, 2008).〔ダニエル・ヤーギン『石油の世紀――支配者たちの興亡』(上・下)、日高義樹、持田直武共訳、日本放送出版協会、1991年〕

13) タスクフォースメンバーのエリック・ブリニョルフソン、セス・ベンゼル、ダニエル・ロックによる研究概要は、産業的に多大な可能性を秘め

注

第1章　イントロダクション

1）Josh Cohen, "Good Jobs," MIT Work of the Future Research Brief, RB11-2020.

第2章　労働市場と経済成長

1）何のテクノロジーが発明され、どのように応用され普及するかには制度的な要因も重要である。Angus Deaton, *The Great Escape: Health, Wealth, and the Origins of Inequality* (Princeton, NJ: Princeton University Press, 2013)〔アンガス・ディートン『大脱出――健康、お金、格差の起原』松本裕訳、みすず書房、2014年〕を参照のこと。

2）モーゼス・フィンリーが奴隷制という「特異な制度」についての1973年の論考で述べたように、「普遍史の文脈で見ると、自由労働、賃金労働は特異な制度である」。Moses I. Finley, *The Ancient Economy* (Berkeley: University of California Press, 1973).

3）「より生産性が高い」とは同じ仕事をより安い総コストで行うという意味である。現在、人間が普通の数学的計算をコンピュータよりも生産的に行うことは不可能だが、100年前にはそうではなかった。今この業務をコンピュータにやらせるほうが生産性が高いのは、コンピュータのほうが速いからというだけでなく、真っ当な賃金で雇われている労働者より安いからである。懸念されるのは、すべての仕事の業務においてこれが当てはまる割合が増えていくことだ。

4）アメリカの雇用の人口比は2000年以降、数%ポイント下がった。このトレンドを大きく牽引しているのは人口高齢化で、これによりすでに退職しているか退職年齢に近づいている成人の割合が増えた。もちろん、100年前に比べると高所得国の市民の年間労働時間は減り、休暇日数は増え、退職時期は（亡くなる年齢と相対的に）早まっている――つまり、市民は上昇した所得の一部を増えた余暇に使う選択をしているということである。以下を参照のこと。Stephanie Aaronson, Tomaz Cajner, Bruce Fallick, Felix Galbis-Reig, Christopher L. Smith, and William Wascher, "Labor Force Participation: Recent Developments and Future Prospects," *Brookings Papers on Economic Activity* 45, no. 2 (2014): 197–275; and David H. Autor, "Why Are There Still So Many Jobs? The History and Future of Workplace Automation," *Journal of Economic Perspectives* 29, no. 3 (2015): 3–30.

5）ただし、総雇用数が短中期に減少して労働者に多大な負の帰結をもたら

17. COGNITIVE SCIENCE AS A NEW PEOPLE SCIENCE FOR THE FUTURE OF WORK by Frida Polli, Sara Kassir, Jackson Dolphin, Lewis Baker, and John Gabrieli
18. THE STATE OF INDUSTRIAL ROBOTICS: EMERGING TECHNOLOGIES, CHALLENGES, AND KEY RESEARCH DIRECTIONS by Lindsay Sanneman, Christopher Fourie, and Julie Shah
19. APPLYING NEW EDUCATION TECHNOLOGIES TO MEET WORKFORCE EDUCATION NEEDS by Sanjay Sarma and William Bonvillian
20. UNIVERSAL BASIC INCOME: WHAT DO WE KNOW? by Tavneet Suri
21. ROBOTS AS SYMBOLS AND ANXIETY OVER WORK LOSS by Christine Walley

「The Work of the Future」研究概要

1. EXTENDING UNEMPLOYMENT INSURANCE BENEFITS TO WORKERS IN PRECARIOUS AND NONSTANDARD ARRANGEMENTS by Katharine Abraham, Susan Houseman, and Christopher O'Leary
2. TAXES, AUTOMATION, AND THE FUTURE OF LABOR by Daron Acemoglu, Andrea Manera, and Pascual Restrepo
3. THE FALTERING ESCALATOR OF URBAN OPPORTUNITY by David Autor
4. MANUFACTURING IN AMERICA: A VIEW FROM THE FIELD by Suzanne Berger
5. THE IMPACT OF NEW TECHNOLOGY ON THE HEALTHCARE WORKFORCE by Ari Bronsoler, Joseph Doyle, and John Van Reenen
6. UNDERSTANDING AND ADDRESSING THE MODERN PRODUCTIVITY PARADOX by Erik Brynjolfsson, Seth Benzell, and Daniel Rock
7. GOOD JOBS by Joshua Cohen
8. ADDITIVE MANUFACTURING: IMPLICATIONS FOR TECHNOLOGICAL CHANGE, WORKFORCE DEVELOPMENT, AND THE PRODUCT LIFECYCLE by Haden Quinlan and John Hart
9. FACTORIES OF THE FUTURE: TECHNOLOGY, SKILLS AND INNOVATION AT LARGE MANUFACTURING FIRMS by Susan Helper, Elisabeth Reynolds, Daniel Traficonte, and Anuraag Singh
10. CHINA'S DEVELOPMENT IN ARTIFICIAL INTELLIGENCE by Yasheng Huang and Meicen Sun
11. GROWING APART: EFFICIENCY AND EQUALITY IN THE GERMAN AND DANISH VET SYSTEMS by Christian Lyhne Ibsen and Kathleen Thelen
12. WORKER VOICE, REPRESENTATION, AND IMPLICATIONS FOR PUBLIC POLICIES by Thomas Kochan
13. AUTONOMOUS VEHICLES, MOBILITY, AND EMPLOYMENT POLICY: THE ROADS AHEAD by John Leonard, David Mindell, and Erik Stayton
14. ARTIFICIAL INTELLIGENCE AND THE FUTURE OF WORK by Thomas M. Malone, Daniela Rus, and Robert Laubacher
15. WAREHOUSING, TRUCKING, AND TECHNOLOGY: THE FUTURE OF WORK IN LOGISTICS by Arshia Mehta and Frank Levy
16. SKILL TRAINING FOR ADULTS by Paul Osterman

総長
デヴィッド・H・ロング：リバティ・ミューチュアル保険会長兼CEO
カレン・ミルズ：ハーバード・ビジネススクール、シニアフェロー
インドラ・ヌーイ：ペプシコ元会長兼CEO
アネット・パーカー：ミネソタ州サウス・セントラル・カレッジ総長
デヴィッド・ロルフ：SEIU 775創業者兼名誉会長
ジニー・ロメッティ：元IBM会長、社長兼CEO
フアン・サルガド：シカゴ市立大学総長
エリック・E・シュミット：アルファベット社技術顧問兼取締役
エリザベス・シューラー：アメリカ労働総同盟・産業別組合会議（AFL-CIO）会長
デヴィッド・シーゲル：ツーシグマ共同会長
ロバート・ソロー：MIT経済学科名誉教授
ダレン・ウォーカー：フォード財団会長
ジェフ・ウィルキー：リビルド・マニュファクチャリング会長
マージョリー・ヤン：エスケル・グループ会長

タスクフォース研究諮問委員会メンバー
ウィリアム・ボンヴィリアン：MIT講師
ロドニー・ブルックス：MIT名誉教授、Robust.ai創業者兼CTO（最高技術責任者）
ジョシュア・コーエン：カリフォルニア大学バークレー校、法・哲学・政治学シニアフェロー
ヴァージニア・ディグナム：ウメオ大学社会的・倫理的AI教授
スーザン・ヘルパー：ケース・ウェスタン・リザーブ大学教授
スーザン・ハウスマン：W・E・アップジョン雇用研究所副所長兼調査長
ジョン・アイアンズ：シーゲル・ファミリー基金シニア・バイス・プレジデント兼調査部門長
マーティン・クシュジンスキー：ベルリン社会科学研究所研究責任者
フランク・レヴィ：MITローズ名誉教授
フェイ・フェイ・リー：スタンフォード大学コンピュータサイエンス学科教授
ニコラ・L・ロウ：ノースカロライナ大学チャペルヒル校都市地域計画学科教授
ジョエル・モキイア：ノースウェスタン大学経済学・歴史学教授
マイケル・ピオーレ：MIT経済学科デヴィッド・W・スキナー政治経済学名誉教授
ギル プラット：トヨタ・リサーチ・インスティテュート最高経営責任者

MIT「The Work of the Future」タスクフォース

デヴィッド・オーター：共同議長、経済学科
デヴィッド・A・ミンデル：共同議長、航空・宇宙工学科、科学・技術・社会プログラム、ヒューマティクス社創業者兼取締役会長
エリザベス・B・レイノルズ：MIT産業生産性センター前事務局長、大統領経済諮問会議の製造および経済開発大統領特別補佐官

タスクフォースメンバー

スザンヌ・バーガー：政治学科
エリック・ブリニョルフソン：スタンフォード大学デジタルエコノミーラボ
ジョン・ガブリエリ：脳・認知科学科
ジョン・ハート：機械工学科
ヤーシェン・ホアン：スローン経営大学院
ジェイソン・ジャクソン：都市研究・計画学科
トーマス・コーカン：スローン経営大学院
ジョン・レナード：機械工学科
ポール・オスターマン：スローン経営大学院
イアード・ラワン：MITメディアラボ
ダニエラ・ルス：電気工学・コンピュータサイエンス学科
サンジェイ・サーマ：機械工学科
ジュリー・シャー：航空・宇宙工学科
タヴニート・スリ：スローン経営大学院
キャスリーン・シーロン：政治学科
ジョン・ヴァン・リーネン：スローン経営大学院
クリスティン・ヴァン・ヴリート：材料科学・工学科
クリスティン・ウォリー：人類学科

タスクフォース諮問委員会

ロジャー・C・アルトマン：エバーコア創業者兼会長
アナ・ボティン：サンタンデール銀行会長
チャーリー・ブラウン：カスタム・ラバー社
エリック・キャンター：モーリス&カンパニー副会長
フォルクマル・デナー：ロバート・ボッシュGmbH取締役会会長
ウィリアム・クレイ・フォード・ジュニア：フォード・モーター・カンパニー会長
ジェニファー・グランホルム：米エネルギー省長官、元ミシガン州知事
フリーマン・A・ラバウスキー3世：メリーランド大学ボルチモアカウンティ校

ラ行

ワ行

ナ行

ハ行

マ行

ヤ行

サ行

タ行

索引

A-Z

ア行

カ行

［著者紹介］

デヴィッド・オーター（David Autor）
MIT フォード財団経済学教授。専門の労働経済学を中心に幅広い分野で論文を発表している。

デヴィッド・A・ミンデル（David A. Mindell）
MIT 航空・宇宙工学教授。ヒューマティックス社創業者兼取締役会長。著書に『デジタルアポロ——月を目指せ 人と機械の挑戦』（岩澤ありあ訳、東京電機大学出版局）がある。

エリザベス・B・レイノルズ（Elisabeth B. Reynolds）
MIT 産業生産性センター前事務局長。大統領経済諮問会議メンバー。

［訳者］

月谷真紀（つきたに・まき）
翻訳家。訳書にアイケングリーン他『国家の債務を擁護する』（日本経済新聞出版）、スコット『性差別の損失』（柏書房）、ゴットシャル『ストーリーが世界を滅ぼす』（東洋経済新報社）、ブランシャール／ロドリック『格差と闘え』（慶應義塾大学出版会）などがある。

The Work of the Future
——AI時代の「よい仕事」を創る

2023年9月5日　初版第1刷発行

著　者————デヴィッド・オーター
　　　　　　デヴィッド・A・ミンデル
　　　　　　エリザベス・B・レイノルズ
訳　者————月谷真紀
発行者————大野友寛
発行所————慶應義塾大学出版会株式会社
　　　　　　〒108-8346　東京都港区三田2-19-30
　　　　　　TEL〔編集部〕03-3451-0931
　　　　　　　　〔営業部〕03-3451-3584〈ご注文〉
　　　　　　　　〔　〃　〕03-3451-6926
　　　　　　FAX〔営業部〕03-3451-3122
　　　　　　振替　00190-8-155497
　　　　　　https://www.keio-up.co.jp/
装　丁————米谷豪
ＤＴＰ————アイランド・コレクション
印刷・製本——中央精版印刷株式会社
カバー印刷——株式会社太平印刷社

Printed in Japan ISBN 978-4-7664-2913-8

慶應義塾大学出版会

なぜ中間層は没落したのか

アメリカ二重経済のジレンマ

ピーター・テミン著／栗林寛幸訳／猪木武徳解説

深刻な対立が続くアメリカの「分断」はなぜ起こったのか。富裕部門と貧困部門の二極化を固定化する政策、教育制度、人種・ジェンダー差別の存在。発展途上国を想定して作られたルイスの「二重経済」モデルを用いて「先進国」アメリカの病理を明快に分析する。

四六判／上製／352頁
ISBN 978-4-7664-2674-8
定価 2,970円（本体 2,700円）
2020年5月刊行

◆主要目次◆